の中の内村鑑三

安彦忠彦

神奈川大学評論ブックレット 39　御茶の水書房

はじめに

内村鑑三は、日本の明治時代以後の思想界に屹立する大きな山の一つです。近代日本の思想界には多くの人物がいますが、福沢諭吉と並ぶ二つの山の一つとする人もいるほどです。しかし、福沢が慶應義塾の創立者として、教育史の中に、とくに大学・高等教育史の中に明確な位置を占めているのに対して、内村は日本の「教育史」の中ではほとんど登場しません。唯一著名な「不敬事件」によって、近代日本の天皇制国家主義思想と対決し、戦後日本の思想界において高く評価されることとなっただけであり、これは「教育史」上の出来事ですが、むしろ「政治思想」的な側面を評価されたものでした。しかし、内村は当初、教師になることが自分の使命ではないかと思うほど、教育の世界に深い関心をもち、女学校や語学校の教師を遍歴した経験を持っています。内村自身は教育界を追われて教師たることは諦め、伝道者としての使命を全うしましたが、それは、一段高いレベルで、日本人を教育しようとしたとも言えるのです。実際、内村の弟子たちの中には、多数の教育者・教師がいて、教育界でそれぞれの使命を果たしてきています。第二次世界大戦後の日本の民主主義・平和主義の教育に関しては、内村の系譜に立つ者による直接的な活動によって、教育界に一定の影響力を与えたことに留意する必要があります。最近、話題になっている内村の親友、新渡戸稲造についても、実は似たことが言えます。新渡戸を、日本の教育史の中で重要な役割を果たした人物として扱うことも考えられるべきです。その理由は本書の後半で明らかにします。

ところで、内村の教育史上の役割をどういう観点から見るのかと言えば、それは家庭教育などの社会教育の世界における「私教育」の観点、つまり「市民の自己教育」の観点から見ることによってです。ここ数年、教育問題が一般の人の大きな関心事になってきていること、とくに最近の教育問題が、単に「公教育」だけでなく、「私教育」においても危機的な状況にあり、そのことを一人でも多くの人に知ってほしいと願って、内村の生涯の活動を私教育・社会教育的な観点から新たに評価して、本書を書きました。ただし、内村の生涯とその継承者、つまりその系譜に立つ人たちの活動を通じて、明治維新前後から現在までの日本を視野に入れ、公教育と私教育の両方を含む日本の教育全般の本質的性格を、筆者なりの視点で整理して、皆さんが「教育の全体」を考えるきっかけとしてほしいと思ったのです。

あらためて、内村の教育史上の位置付けを明確にして、その継承者たちの活動の意義を鮮明にとらえ、「私教育」の現代における重要性を再認識し、それを保障する社会にするための政治を強く求める気持になっていただければと思います。

二〇一五年一二月　戦後七十年、衆議院の解散による総選挙から一年を経て

著　者　識

1 明治以来の日本人と日本の教育

一 「公教育」と「私教育」

一般に、日本における「教育」の重要性を論じる人は、日本の明治時代を例にして、吉田松陰の「松下村塾」を挙げ、松陰自身についてとその門下生の働きを称揚する人が多いと思います。松陰のもつ、時代に先んじた先見性や純真で謙虚な人柄、塾生の純な情熱などが、ほとんど何の留保も無く、「理想的な教育と教育者、そしてその成果たる塾生の育ち」として高々と掲げられるのが普通です。しかし、よく考えてみてください。

吉田松陰の「松下村塾」は「私塾」という「私教育」の場であり、当時の政府たる幕府の学問所や各藩の建てた公的な藩学・藩校による「公教育」の場ではなかったのです。このことは、意外にも、ほとんどの人に十分理解されていないようです。つまり、私教育は時代に先んじる教育を行えますが、公教育は、公権力自体が自己否定するような特別の場合を除いて、必ず公権力とそのもとにある社会体制・政治体制を保持・強化するために、保守的な教育しか行わない、ということです。この点で、「公教育」に社会を革新する働きを期待する人は、ほとんど裏切られてきました。

まったくその種の契機が隠れていないわけではないのですが、その表れは偶然の産物であり、晴れやかな革新は生み出せません。

明治時代の教育を考えてみましょう。明治維新が成就したとき、その時点では実は国のその後の進路が必ずしも明確ではありませんでした。したがって、当初の教育政策を見ると、不安定で落着かない状況にありましたが、それが「公教育」と「私教育」とを一致させるような動きを生み出すことにもなりました。まず、明治政府は「公教育」制度として「学制」というものを明治五年に公布します。これは、日本における「近代教育制度」の始めであり、かつて藩ごとに行われていた公的な教育を、近代的な内容に変えて日本全体に拡大し、全国的に統一した制度として確立したものでした。これによって「近代国家」としての体裁を、教育制度面で示したのです。この時に成立した公教育制度はイギリスよりも早く、近代教育を制度的に確立した点では、日本は先進国でした。

しかし、この当時、今ほど、吉田松陰や、その弟子たる明治初期の政府関係者が、あたかも近代日本の教育の模範であるかのように声高に言われる、などということはありませんでした。それは、この「学制」による近代教育制度は、吉田松陰とその弟子たちが望んだものと同じ方向のものであり、とくに変わったものではなかったからです。つまり、「公教育」制度それ自体が、日本の近代化を望んだ吉田松陰がその門下生たちに行った「私教育」と、その方向性においてほぼ同じだったということです。言ってみれば、非常にまれなことですが、「公権力」自体が、近代化を進めるために、自らを批判にさらしかねない教育を行うという進歩性をもっていた、というわけです。これは、まだ守るべき政治体制・社会体制が確立しないときに起きるもので、似たことは、ロシア革命直後の十年間ほどの旧ソ連に認められます。時代に先んじた「私教育」の理想を、「公教育」も追うことができた、幸せな時期だったと言えましょう。

二　「公教育」の支配とその特質

ところで、なぜこういう話から書き起こしたかといえば、実は最近の「教育」に関する論議が、すべて「学校教育」、とくに「公立学校の教育＝公教育」に関するもので、しかも、そのほとんどが批判ばかりであることに、疑問をもったからです。一般に、もし「学校」のない時代を考えると、人は「教育」について何を問題にするでしょうか。大部分、家庭における、親の子どもに対する教育のことを問題にするのではないでしょうか。この「親による子どもへの教育＝私教育」こそ、最もその質が問われるものだと言ってよいでしょう。その「私教育」は、明治年間に徐々に「公教育」に主役を奪われていきます。

明治初期の数年間は、公教育の面では、西の京都で、皇族や国学者を中心とする人々が、復古的な「学舎制」という平安朝時代の教育制度を、まず高等教育機関の設置を通してつくろうとしましたが、ほぼ同時に、東では、東京に遷都したことにより、明治政府が、それまでの幕府の昌平校を中心として、洋学をも含む、より大きな枠組みで大学校を筆頭とする近代的な学校制度をつくり始めていました。結果として、明治三年の二月に東京の政府から「大学規則並中小学規則」なるものが公布され、この年が終わるころには、京都の制度づくりは廃されるとともに、明治四年の廃藩置県により、東京を中心とする中央集権的な国家体制の整備が一気に進行しました。同年、文部省も設置され、学校制度も、東京での制度づくりが優先されて、完全に政府の主導権により整えられていくことになります。

そこで、明治政府は方向を転じて、明治初年からの皇族・貴族による教育改革を諦め、政府が直接文部省を中心に、日本の近代化すなわち「文明開化」を成し遂げるため、まず明治五年の「学制」によって強制力のある「近代教育制度＝公教育制度」を整備し、その近代化を担う若い人材の育成に力を注ぐこととしました。その際、当然のことながら、対外的には「富国強兵」を求めて先進国の仲間入りをしないと、東南アジアの諸地域のように「植民地化」される危険があると強く認識していたわけです。日本の「国としての独立」は、その意味で、明治政府も、それに抵抗した幕府側の要人も、達成すべき共通の目標だったと言ってよいでしょう。その一点において、明治の日本人は保守派も革新派も、同じ志を持っていたといえるのです。

しかし、明治五年の「学制」という「公教育」制度は、徐々に変質していきます。このころから数年間は、日本全国で自由民権運動が盛んになり、政府はこれに譲歩して明治一二年に「自由教育令」と後に言われる、規制緩和の措置をとる勅令を公布しますが、同年に明治天皇によって「教学聖旨」が下されると、すぐにそれを改正して明治一三年に「改正教育令」を公布し、規制強化の策に転じるとともに、内容的にも「儒教的・保守的」な性格の教育に明確に変えていきます。その端的な表れが、筆頭教科を「修身科」にしたことです。これによって「公教育」は「文明開化」をやめ、「和魂洋才」と俗に言われるようなものとなり、その方針に天皇から直接のお墨付きを頂いたと言ってよく、明治政府は「天皇」の権威によって一層強く「公教育」を支配することとなりました。その帰着点が明治一九年の森有礼による「学校令」公布です。これが天皇制国家主義教育の始まりです。

この天皇制国家主義教育が一応完成するのは、明治二三年の「教育勅語」の発布です。「公教育」がその絶対的権威を最高の形で示しえた源がこれであり、以後、「学校令」に基づく公教育は明治一九年から不変で、昭和一六年の国民学校令公布以後も、「教育勅語」体制として、第二次世界大戦終了まで、その教育体制が続いたのです。重要なことは、これによって、「私教育」の只中にまで「公教育」が浸透してそれを駆逐し、日本の「教育」の大部分が、「天皇制家族主義的国家体制」の枠の中に入れられて、完全に「私教育」から「公教育」に移ってしまったといってよいことです。それは、国民が、地域はもとより家庭・家族もろとも公権力にからめとられ、「私教育」を「公教育」に奪われていく過程でもあったと言えるのです。そして、平成の現代が、また新たな装いのもとで、そのような危機にあると考えられます。

三、「私教育」の重要性

以上、あえて明治時代からのことを取り上げましたが、それは日本において「私教育」の重要性が正しく認識されず、明治以降は現在に至ってもなお、何でも「公教育」の方が価値がある、より重要である、できればすべて公教育にすることが望ましい、と言わんばかりの風潮が広がっていることに問題を感じるからです。この点について、まず二つのことを述べたいと思います。

一つは、一般的なこととして、明治初期の教育風土は、中等教育段階の、とくに女子教育において、まだ「公教育」は十分に成立せず、明治三二年の高等女学校令の公布によって、初めて初等教育後の女子のための公教育が整備されたといってよいでしょう。それは、換言すれば、それまでの女子教育は、種々の私立の学校があったけれども、みな各種学校、すなわち「正規の公教育学校ではなく」、かなり学校創立者の自由な教育理想に従って教育を行っていたわけで、基本的に「私塾」の延長上につくられた「私教育」を行う学校でした。その意味では、実にさまざまな女学校が林立していたといってよく、外国のキリスト教系のミッション学校はもとより、ミッションから独立したキリスト教系の明治女学校、仏教系の東洋女学校、教養系の女学校の跡見学校、儒教系の三輪田女学校など、かなり自由にその建学の精神に則って教育を行っていたので、明治三二年まではすべて今で言う「各種学校」でした。いわば「私塾」を外観や組織だけ近代的にしたものと言ってよいのです。（櫛田眞澄『男女平等教育阻害の要因—明治期女学校教育の考察—』明石書店、二〇〇九年）

もう一つ、こちらがより重要なのですが、幕末から明治初期の教育を受けて育った内村鑑三の教育観・教育論を取り上げてみたいと思います。内村は、前半生を教育者として過ごしました。ご存知の人も多いと思いますが、いくつかの地方の女学校の勤務を経てから第一高等中学校の嘱託教員となり、数ヶ月後の明治二四年一月に、同校に下賜された教育勅語の奉読式において、敬礼を尽くさなかったとして非難を浴びるという、いわゆる「不敬事件」といわれる事件を起こして退職しています。その内村は、かなり晩年になってからも変わらずに、次のように言います。

「教育の目的は人を作るにある。そして人たるは、学者たり、知者たり、成功者たることではない。おのれに足りて他に求むるの必要なく、窮乏のうちにあるも感謝満足の生涯を続け得る者である。わが文部省はその国民教育においてかかる人を作り得しか。」

（「教育の目的」一九二九年）

ここに見る内村の教育についての見方は、明らかに「文部省」の「国民教育」とは別個の、本来望ましい教育というものがあることを主張していると言ってよいでしょう。それは文部省の国民教育＝「公教育」ではないと言っているのですから、「私教育」にあることになります。

そして、そのことを、もう一つの内村の言葉によって明らかにすることができます。

「国民義務教育を卒えてより年齢二十歳に至るまでに、高等普通教育を授け、その期に至りて、神と自己とにたより独立の生涯に入るを得るの力量を養成するを努むること。」

（「教育の方針」一九一〇年）

この中で「高等普通教育」といわれているのは、少なくとも「国民教育」とは区別されており、基本的には「義務教育」という「公教育」を終えた者が、二〇歳という成人に達する間に、その教育によって「神と自己とに頼り、独立の生涯を送ることのできる能力を身につけること」が勧められています。これは、いわゆる国民教育＝「公教育」においてではなく、上記の言葉と合わせ考えれば、その外で身につけるべきものとされており、明治後期のこの頃、さすがの内村も、ほぼ出来上がった公教育を無視することはできなかったけれども、それによる教育を受けつつも、それを越える教育を求めており、「公教育」に完全に任せることはできないと考えていたことが分かります。

では、そのような教育はどこに見出せるかといえば、当時の「私教育」においてであるというべきでしょう。中等教育段階の外国語学校や先の女子教育を担当していた私立の女学校などに代表されるもの、その他、「私教育」を行う学校や家庭の果たす教育上の重要性ないしは意義が、ここで考えられねばなりません。そして、そのような「私教育」の場の一つとして、内村の場合は『聖書之研究』の発刊を基礎に、「聖書研究会」あるいは「聖書講習会」というものを考案した、ということができます。

これまで、そのような視点からこの種の会や組織を考えた人はいなかったでしょうが、内村が「おのれに足りて他に求むるの必要なく、窮乏のうちにあるも感謝満足の生涯を続け得る者」といい、「神と自己とにたより独立の生涯に入るを得るの力量」というとき、それは、内村にとって「聖書研究会」等によって育てられるものであり、その意味で「私教育」の場を徹底的に生かす方法として、この種の会が守られたことを思います。私たちは「公教育」に何でも求める態度を改め、一度「私教育」をこそ自分たちの力で盛んにする方途を、真剣に探る必要があるのではないかと思うのです。

2　明治以来の日本の教育と内村鑑三の生い立ち

一　明治一九年の「学校令」までの「公教育」と「私教育」

周知のように、明治の近代的な「公教育」制度は明治五年の「学制」に始まります。実は、この「学制」期と次の明治一二年の「教育令」期を経て、明治一九年の森有礼による「学校令」発布までの約一五年間が、「公教育」と「私教育」との観点から言うと、非常に重要な時期であったと言えます。それは、「公教育」が制度として確立せず、不安定な時期だったからで、逆に言えば「私教育」の方に種々の可能性があった時期だと言えるからです。

例えば、明治五年の「学制」は近代的な学校制度の最初ですが、明治一二年までの状況を言えば、なかなか一般の日本人にはその意義が理解されず、当初の就学率は簡単には算出できませんが、日本教育史家の一人によるデータでは、明治六年の就学率は二八・一三％、明治一一年でも四一・二六％で、半分に満たない状況でした。（仲　新監修『日本近代教育史』講談社、昭和四八年）それは、義務就学をうたいながら法的な義務教育の規定はなかったため、就学を督促しても教科によって出席者数が異なったり、子どもが最初に入学する下等小学は八級から一級までの「級制」による課程主義の履修原理でしたので、優秀な子どもはその課程をどんどん進んで修了しますが、遅い子どもはある級のところで落第・原級留め置きして、なかなかその課程を終わらないため、規定の年数では修了ないし卒業ができない状況が生まれたりしました。しかも無償ではなかったので、貧しい家の保護者は、子どもの修了が難しい場合に、経済的理由から子どもを中退させてしまうケースが多数出ました。そして、この「学制」による公教育制度を、かえって自分達の生活を苦しくさせるものと見て、地方では暴動が起きたりしたのです。

その結果、明治一二年に「学制」を廃止し、新たに「教育令」を公布して、子どもを学校に来させるか否かを保護者の自由にしたので、「自由教育令」と呼ばれています。このような措置の背景には、明治七年の板垣退助らの民撰議員設立建白書から始まる「自由民権運動」の全国的高揚がありました。この自由民権運動について、教育史的観点から考えてみると、この運動が「私教育」、とくに政府が関与しない「民衆の自己教育」という面から見て、社会教育的に重要な役割を果たしていたことが分かります。当初は下級武士層出身の知的指導者が中心となり、明治一〇年代半ば頃からは豪農層で知識をもつ者の多くが、この種の運動に関与したわけです。いわゆる薩長藩閥政府に抗する他の藩、とくに旧徳川方の諸藩の武士階層出身の者達が、国会開設を求める政治的要求を核にして、知識階層の指導者として運動の中心になりました。板垣退助、中江兆民、植木枝盛、後藤象二郎、江藤新平、大隈重信などは、その代表的な人物と言ってよいでしょう。

ところが、この時期に薩長藩閥政府は政治的安定の確保のために、この自由民権運動を弾圧し始めます。藩閥政府は、この運動における新聞、雑誌、集会、結社、演説などの啓蒙活動をやめさせるため、有名な明治八年の「新聞紙条例」や明治一三年の「集会条例」を制定します。これらの条例は周知のように、直接的には多くの知識階層による「公権力＝藩閥政府」批判などの政治活動を押さえ込むとともに、間接的には民衆自身による自己教育の場＝社会教育の場を奪い取ることにより、民衆を「公教育」の場に囲い込むことを意図したものでした。その具体的な例の一つが、明治一三年の「教育令」改正です。

この改正教育令は、自由教育令とはまったく反対に、強制的に保護者に子どもを学校に来させる方向で改正されたものであるとともに、教育内容の面でも、近代的な西洋思想の模倣に近かった「学制」の教科編成をやめ、日本の儒教的なものに復古させたものでした。それは、自由教育令では教科として最後に置かれていた「修身」が、改正教育令では「筆頭教科」になっていたことに端的に表れています。その背景には、「公教育」の指針として明治天皇が示した、明治一二年の「教学聖旨」の存在があります。これは明治天皇の意を受けて、儒学者の元田永孚が書き上げたものでした。これが、明治期の「公教育」の基本的性格を方向付けたと言えるでしょう。明治二三年の「教育勅語」は、その帰結として、明治一九年の森有礼の国家主義をも取り入れ、「公教育」全体の性格を、「天皇制国家主義」の形で公式に完成させる原理だったと言ってよいと思います。

これによって、「私教育」に当たる寺子屋や私塾の多くが「公教育」学校に組み込まれるとともに、それ以外の「私教育」を行っていた私塾や私立学校は、とくに初等教育学校から上の「中等教育」学校にあたるものが、この時期の明治一四年の「中学校教則大綱」と明治一七年の「中学校通則」、さらに明治一九年の「中学校令」によって、徐々にしかし明確に、「私教育」的な学校から「公教育」学校の一部として再編されていったのです。この流れを、「公教育」の観点からは、「正規化」とか「正格化」と呼んでいますが、「私教育」の観点からは、自由な教育の場を奪い取って、公権力に無害な人材＝政府に有益な人材の養成に役立つものにする効果をもったのです。

二　内村鑑三の青年時代

一方、この明治五年から一九年、さらには明治二三年に至る一五年余の年月は、内村鑑三の生涯においてどのような時期だったのでしょうか。興味深いことに、内村は一一歳から二九歳のこの時期、自由民権運動に直接的にはほとんど触れることなく（榎本守恵『北海道開拓精神の形成』雄山閣出版、昭和五一年、第三章）、その前半は明治一四年まで北海道の札幌農学校の学生で過ごし、後半は明治一七年からのアメリカ留学と、帰国した明治二一年から二六年まで、二七歳〜三二歳までの五年間の大部分を、女学校等の私立の中等教育諸学校という、「私教育」の場の教師として過ごしているのです。この間、唯一の例外は、二三年九月に第一高等中学校に赴任して、半年足らずの明治二四年一月に、有名な「不敬事件」を起こしていることです。

札幌農学校に入る前の内村は、明治五年の一一歳のときに高崎藩の英学校に学び、翌六年の一二歳のとき、東京赤坂の有馬学校（英学）に入学、翌七年には東京外国語学校英語学科第四級に入学し、その最上級生だった明治一〇年、一六歳のとき、札幌農学校第二期生の募集に応募して、九月には官費生として北海道に渡り、入学します。その年の一二月に、W・S・クラーク博士の影響を強く受けた、第一期生のつくった「イエスを信ずる者の誓約」に、抵抗空しく署名して、キリスト者としての一歩を踏み出します。この農学校での同級生に、後に内村を含めて「札幌三人組」と呼ばれた新渡戸稲造や宮部金吾（後に母校の教授）と親交を深め、明治一四年七月に二〇歳で卒業後、開拓使御用掛（公務員）として勤務し、同一六年から札幌を離れ、東京で農商務省御用掛となります。そして明治一七年、二三歳で最初の結婚、半年で離婚、一一月には渡米することとなります。明治一七年から二一年までアメリカに滞在し、その間に第二の回心を経験します。明治二一年に帰国後は、まず新潟北越学館、次に東洋英和女学校、そして二三年九月に第一高等中学校嘱託教員となり、英語・地理・歴史を担当します。翌明治二四年一月に前述の「不敬事件」を起こし、二月に依願退職した後、明治二五年九月には大阪泰西学館、二六年四月に熊本英語学校などで教え、七月に京都に来て、完全に著作活動に入ります。このアメリカから帰国した後の、私学の教員としての活動は、上記の学校以外に名古屋などにもあり、めまぐるしく勤務先や期間が変わっているほか、この間、二回目の結婚とその妻との死別、三回目の結婚などもあって、疾風怒濤の五年だったと言えるでしょう。しかし、札幌農学校を出た後の、二三歳から二七歳までの留学生活と二七歳から三二歳までの教員生活、合わせて一〇年間は一連のものと言ってよく、その後の著作活動や『聖書之研究』誌発行の準備をなすものだったと言えます。

内村がこの間に受けた教育の性格について、考えてみましょう。その際、女学校等での教員としての内村の活動については、どれも短期間であまり資料や研究がないこともあり、筆者も詳しく調べていないので、直接には取り上げません。内村自身のもつ女子教育における理想の女性像などを見ると、基本的に男女の平等は認めつつも聖書的な見方が強く、むしろ、現代から見ればやや古風で、それほど開明的ではないという印象を受けます。(『教育と家庭』〈内村鑑三選集3〉岩波書店、一九九〇年)その上で、それよりも、内村が受けた教育の特徴に目を向けてみたいと思います。まず、幼少のころは、父の宜之から漢学を学びつつ漢学塾にも通うとともに、一一歳から一六歳まで英学を学び、一六歳から二〇歳まで札幌農学校で、広く教養教育とともに農林水産に関係する専門的学問を学んだ上、留学によってもアマスト大学から正規の「理学士」の学位を与えられて帰国しているわけで、当時としては自他共に認める、非常に高い学問的素養を身につけた人物と見なされたと思われます。

これを要するに、内村は一一歳から二〇歳まで、その年齢にもかかわらず日本の「公教育」を一切受けておらず、家庭や私塾から私学(私塾に相当)である英学校や外国語学校などの、まだ「私教育」の場であった学校教育を経て、一気に「公教育」の影響の及ばない高等教育、しかも日本の高等教育機関でありながら、札幌農学校二期生は、日本の北方の辺境の地で、ほとんど外国人教師による大学並の教養教育と専門教育を受けて育ったのです。それも、その後すぐにアメリカに留学してアメリカの高等教育=大学教育を受け、学位も得て帰国したのですから、さらに二七歳に至るまで、日本の「公教育」を受けていない人物であったと言えます。

このような生育歴は、元来日本の儒教的伝統や神道的文化の中で育った内村に、西欧的かつキリスト教的思想を身につけさせた点では、いわゆる「日本」的なものを相対化させ、世界的視野から新しい日本を考えさせる上で、大きな影響を与えたと言ってよいでしょう。それでも、内村は「日本人」であることの誇りを失わず、「二つのJ」(Japan & Jesus)」に忠実であろうとしたことは有名です。ただ、「世界に対する日本の自己主張は、他面において世界における日本という意識によって抑制されていた」(丸山真男「諭吉・天心・鑑三」昭和三三年八月)のです。

そのことが端的に表れた、さらに興味深いできごとが、内村の新潟北越学館での摩擦です。ここでは、あまりに欧米一辺倒の教育に対して、内村が日本の歴史や宗教・思想など、日本の良い点をもしっかり教えるべきだとして学館側を批判したため、学館側が内村を追い出したと言われています。そこには、「誇るべき日本の思想・文化・宗教など」への、内村の深い理解と評価があったと言えましょう。けれども、これは「公教育」によるものではなく、内村が幼児期から育んだ個人史による教養であり、札幌農学校やアメリカ留学で「相対化」された教養だったと言ってよいでしょう。

もっとも、この明治五年から一九年頃までの時期の「公教育」学校の特質は、上述のように、まだそれほど天皇制や国家主義を前面に押し出していたとは言えず、欧化主義の方向を取りつつ、どこでその行き過ぎを押さえ、適当なおさまりをつけるかに苦労していたと言ってよいでしょう。森有礼が明治一九年の学校令において、「天皇制国家主義」に落としどころを見出すのが、どれほど森自身にとって大変なことであったかは、よく知られています。しかし、明治一二年の明治天皇の「教学聖旨」が小学校教育に影響を与え、翌年の教育令改正で、「公権力」の意向が明確に示された「公教育」になり、その後の「公教育」は「教育勅語」の渙発までほとんどその方向で成されていました。それにもかかわらず、内村はその頃はもう札幌農学校の学生で、ほとんど影響を受けていないわけです。そう考えると、内村は日本の「公教育」が確立する直前の「端境期（はざかいき）」に育った人物で、その意味では日本の「公教育」よりも「私教育」的性格を色濃くもった学校教育、及び外国の高等教育によって育ったことが分かります。このような観点から見ると、内村は「天皇制国家主義」を標榜した「公教育」に馴染んでいなかったと言えます。

三　「不敬事件」に見る内村の態度

そこで、その内村が「不敬事件」を起こすわけです。内村の不敬事件は、一言でいえば、第一高等中学校に明治天皇の「御真影」（写真）とともに下賜された「教育勅語」に向かって、式典で敬礼を尽くさなかった、ということでした。内村の気持としては、その時に読んでいたカーライルの『クロムウエル伝』の影響で、神以外に礼拝してはならないという思いが働いて、他の日本人が深々と礼をしたのに、それができずに軽く礼をしただけだったようです。それを、式場に列していた学生たちが問題にして、『校友会雑誌』という学生の雑誌で批判したため、社会的に注目されることとなりました。その後、いわゆる「教育と宗教の衝突」論争が全国的に展開され、とくにキリスト教が天皇制と調和するか否かが、当時の大学教授や他宗教の宗教家なども参加して声高に論じられました。

そもそも、内村はどちらかと言えば、西欧流の近代化には一貫して批判的で、日本の伝統や文化に対する深い理解と尊敬の念をもっていました。明治天皇あるいは天皇制に対しても、直接的には何ら批判的な考えを示していません。不敬であるとの批判に対して内村が答えたことの第一が、陛下が本当に求めておられるのは、儀式で礼をされることではなく、勅語に書かれた陛下の言葉を「実行」することではないのかというもので、勅語に対する批判的なコメントはほとんど何もなかったのです。

しかし、この点にこそ、内村の「反公教育」的な態度が表れていると言ってよいでしょう。つまり、「公教育」の担当者ないし追随者は、儀式の遂行やその場での敬礼における関係者の「一定の言動」習得をこそ、「公教育」の中身として要求していた、ということです。「公教育」関係者は、「教育勅語の中身」に示された徳目の実行を求めるとともに、その外的な枠組みとしての「行事」における一定の言動をも統制するという「奉護」を通して、「公権力」への従順を示すよう求めていたのです。それに内村は気づかなかったのです。その意味で、内村には「公教育」の意図に対する鋭敏さが育っていなかった、というべきでしょう。それはなぜでしょうか。

内村の生育歴がその一因である、というのが本書の主張です。もちろん、それですべてを説明することは出来ません。カーライルの思想・信仰上の影響も、確かにあったに違いありません。しかし、内村自身の自覚を越えて、無意識的に影響していたのが、その生育歴であったということも確かであると思います。内村はほとんど「私教育」によって育ってきたので、「公教育」の影響がないと言ってよいのです。ここが第一高等中学校の学生との大きな違いです。

内村が到達した思想的立脚点は、「末は博士か大臣か、はたまた大将・元帥か」という「公権力」が求めていたものではなく、その公権力たる藩閥政府を批判することのできる「平民主義、精神主義、少数者重視」など、「自由主義」と「平等主義」の徹底を求める「急進主義（ラディカリズム）」と「本質主義」（事の本質以外のものの排除）であったと言えます。ただ、それが健全な性質のものであったのは、「公」の中身である「国家」や「民族」などについて、その種の「個別的な」ものよりも、「人間」や「人類」という「普遍的な」ものを、いつでも、どんな時代でも忘れずに見つめ続け、それとの対照において常に意味づけ、価値づける態度を保っていたからであると思われます。

前者が「公教育」に熱心になるのに対して、後者は「公権力」に役立つ人材養成のみを目指す「公教育」を相対化し、常にそれを越えて物事を見ることのできる、「とらわれのない、自由な視野と思考」を育てるものと評価できるのではないでしょうか。それが、内村の受けてきた「私教育」であったことは、あらためて重視すべき、また深く考察すべきことではないかと思われます。ただし、「私教育」が常にそのようなものになる、という保証はないことも留意すべき点です。

3　明治中期からの日本の教育と内村鑑三の公教育批判

一　明治中期から昭和初期まで

日本の教育の特質を歴史的な視野で考えてみると、内村の活動もそれによって新しい光が当てられます。まず、明治期の公教育制度の確立に大きな影響を与えたのが、明治二三年の「教育勅語」とその後の複数の「戦争」です。「教育勅語」は、その内容が現代にも通じるものとして再評価する声が絶えませんが、むしろ、これにより「勅語」という天皇の下されたことばに絶対服従すべきものとする、「勅令主義」による公教育体制が生み出された点において、戦後の民主主義体制と矛盾するものなのです。明治二三年の小学校令改正に際して、法律によるか勅令によるかについて帝国議会で議論があり、枢密院側から、臣民の「教育に関し、国務大臣は『天皇ニ対シ責任ヲ有ス』るものであって、議会によって左右されるべきものでない」などという理由で、「勅令」によるべきものとされ、この小学校令の改正以後、教育立法の特殊性を認め、勅令主義が慣例的方式とされたのです。(仲 新監修『日本近代教育史』講談社、昭和四八年)

もう一つの特殊性は、軍隊における勅令主義で、明治一五年の「軍人勅諭」など、天皇の下されたことばへの絶対服従が強要されたのですが、それに直結したのがまさに戦争です。戦争は、やはり国と国との抗争として予想以上に大掛かりなもので、広く深く社会の様々な分野に大きな影響を与えています。日本の場合、明治以後、日清戦争、日露戦争、第一次世界大戦、そして満州事変から第二次世界大戦に至る十五年戦争といった、後になればなるほど拡大した戦争が、教育の分野、とくに公教育から私教育の分野にも重大な影響を与えていくのです。日清戦争では日本に軽工業が、日露戦争では重工業が、第一次世界大戦では帝国主義が確立し、そして第二次世界大戦では帝国主義と超国家主義が日本を支配したわけで、教育もこれに全面的に従属して展開されたと言ってよいでしょう。

まず日清戦争（明治二七〜二八年）ですが、この戦争は近代日本が「脱亜入欧」を図ったものとして、重大な一歩を踏み出した出来事でした。日本が中国の清に勝利しても、すぐには「欧米列強」が日本を「仲間」とみることはなかったのですが、欧米列強に「追いつこう」としている国としては認知したのです。この点については、一つ、面白い事実があります。

日本の歴史教科書は、「欧米列強」といった表現で西欧諸国を一括りにして扱っていますが、実はイギリスの歴史教科書は違っています。イギリスの世界史の教科書は、必ずしもすべてがそうだとは言えないのですが、日本語に訳されているものの中に、「近代の後発の二大強国」と名づけられた章をもつものがあります。この二つの大国とは、どことどこだと思われますか。何とアメリカ合衆国と日本なのです！　イギリスから見ると、この二つの国は同じグループのもので、日本のようにアメリカ合衆国を西欧主要国の一員に含めて見る見方を取ってはいないのです。このような事実を知ると、「歴史」というものが、いかに国や立場によって異なったものになり、考古学的なもの以外「客観的な歴史」などというものはなく、「歴史」なるものが、多面的で限定的・相対的なものなのだということがわかります。

日清戦争の勝利は、教育界にも大きな影響を与えました。その勝利が、一部は普通教育の普及によるものという評価を得て、今度は、その賠償金によって、義務教育とその後の中等教育や実業教育の分野を拡充整備するようにとの声が高まり、明治二九年一月には「清国賠償金額の十分の一を以て普通教育費に充て学校維持の元資として市町村に分賦するの議」という議案が衆議院と貴族院で可決され、これにより、明治三二年三月には賠償金をもとにした教育基金特別会計法が公布されました。

このような財政的基盤の上で、国は明治三三年の小学校令改正により、四年制義務教育の整備強化と二年制高等小学校の奨励（明治四〇年に成立した六年制義務教育の布石）、国語科の創設、文部大臣の教科課程制定権の明確化などによって、天皇制国家主義による公教育制度を確立したのです。その仕上げが、明治三六年の国定教科書制度の成立でした。これらの施策によって、義務教育の就学率は、明治二十年代は六〇％まででしたが、三三年には八〇％を超え、三五年には九〇％を超えるほどになります。明治一九年に森有礼が意図した国家主義的な公教育が、この明治三十年代の一連の教育改革で、まさに「国家のため」の教育制度として確固たるものとなるのです。（仲　新監修、

同上）

中等教育についても、明治三二年二月に、中学校令の改正に加えて、実業学校令と高等女学校令が公布され、中等教育段階の三系統が確立して、第二次世界大戦後の教育改革まで続きます。この意味では、戦前の公教育制度の骨格は、明治三三年に確立したと言ってよいでしょう。中でも、実業教育の強化については、教育勅語の草案に関係した儒学派の元田永孚と開明派の井上毅の二人のうち、井上の果たした役割が大きく、明治二六年に文部大臣になると、「富国強兵・殖産興業」の立場から、翌二七年に「実業教育費国庫補助法」を制定して、わずか一年半の在任中に、「低度かつ「工業」重視の実業教育に力点を置く方向を確定し、約十年後の明治三六年の「専門学校令」公布までの、日本の実業教育制度の充実強化に大きく貢献しました。これによって、それまで「私教育」に任されていた実業教育と女子の中等教育が、「公教育」に取り込まれていき、中学校などは「国風化」と呼ばれる保守的方向に変質していきます。

日露戦争（明治三七～三八年）の勝利は、さらに高等教育と社会教育が「公教育」の枠の中に取り込まれる契機となりました。高等教育については実際の施策までには具体化しませんでしたが、社会教育の分野の動きについては、すでにこれまで一部述べてきたように、具体的な動きとして、明治二五年の山名次郎や明治三二年の佐藤善次郎による社会教育関係の著作物が見られるほか、明治三十年代の片山潜らによる労働者教育の実践があります。しかし、この方面の動きを見てみると、最初は「私教育」としてのものがほとんどでしたが、日露戦争後、明治四三年の大逆事件への対応も含めた国家体制強化の社会状況のなかで、当時の小松原英太郎文相は、「通俗教育」の名のもとにさまざまな社会教育を「公教育」の施策として推進したと言われています。その施策の要点は、「醇良なる国民的精神」の涵養を目的とし、公・私立学校の教員を中心とする民間団体の「地方教育会」を主要な機関として、通俗講演・幻灯・通俗図書・学校等における展示会などの方法による活動であったとのことです。

しかし、この「通俗教育」に関しては、すでに明治一八年に文部省の管掌事項として挙げられていながら、日露戦争以前にはほとんど行われていなかった、とされています。国は、この分野では図書館や博物館などに早くから関心をもち、その設置を主導しましたが、図書館の全国的な展開は明治三十年代に入ってからのことであり、明治三八年には文部省は日露戦争に際し、「戦時地方ニ於ケル教育上ノ経営」と題するパンフレットを地方教育担当者に配布し、学校などで行う「戦時通俗講話会及幻灯会等」の項の解説で、父兄懇話会等を利用し、開戦の理由等を講話説明して、忠君愛国の志操を鼓舞するよう勧めています。その結果、それが教育上多大の利益を与えたとして、このような戦時下の特殊な条件下の会を平時にも一層普及定着させようと、明治三九年にこの種の会による通俗教育の奨励方を促しています。

また同じ三九年「図書館ニ関スル規程」を定め、四三年には訓令「図書館設立ニ関スル注意事項」を発して、地域住民が集まる場所に設ける「通俗図書館」や「簡易図書館」の、明治三六年の八六カ所から明治四一年の二百カ所へ、さらに大正七年の一三五九カ所へという飛躍的な増加に対し、「健全有益ノ図書ヲ選択スルコト最肝要ナリトス」と指示して、その蔵書の統制による「大衆の精神的教化の装置」として利用し始めました。（仲 新監修、同上）

以後、この種の公教育的な社会教育の動きは、平時の活動を基盤に、戦時には当然のこととして地域住民の間に浸透し、私教育的な社会教育を抑圧ないし包摂しながら、大正、昭和にかけて、第二次世界大戦前の「国民教化的社会教育」に発展していくことになります。しかし、昭和五年の満州事変以後のことは、次章で論じることに致します。

二　内村の『聖書之研究』執筆と聖書研究会・聖書講習会や講演などにおける活動

内村鑑三の活動は、明治二六年に教育界を去り、その後、著作活動に専念することによって、一層、社会教育的な分野に方向を転じていきます。内村が著作活動に入った当初は、新聞・雑誌による社会的発言を盛んに行いました。明治二七年に徳富蘇峰の『国民之友』誌に発表した「日清戦争の義」と題する義戦論は、翌年、その主張を反省し恥じて撤回しますが、非常に注目されました。明治三〇年には日刊新聞『萬朝報《よろずちょうほう》』の英文欄主筆として時事論文を活発に執筆しますが、翌年、自ら社会評論誌『東京独立雑誌』を創刊するために主筆をやめて客員となり、新しい自分の雑誌で時事評論を続けます。しかし、この雑誌も明治三三年には廃刊して、ついに社会評論を縮小し、『聖書之研究』という信仰誌を発刊することとなります。ただし、その後も演説会や『萬朝報』への寄稿を通して社会的発言を盛んに行いましたが、明治三六年、日露戦争の開戦に反対して「戦争廃止論」を公表し、『萬朝報』社の方針に合わないとして退社し、その後は、一切の社会問題と社会的実践から身を引き、伝道のみに専念することとなります。

この時期の十年間の内村の関心事は、社会評論を基礎とした、明治三四年の足尾鉱毒事件の問題解決期成同志会のメンバーとしての活動と、社会主義者と共同した「理想団」のメンバーとしての活動であり、両方とも「社会改良」をめざす点で共通でした。しかし、明治三五年には社会主義者との意見の対立が明らかとなり、翌三六年に『聖書之研究』誌上の「キリスト教と社会主義」と題する論考で、袂を分かつことを公表します。この日清戦争から日露戦争にかけての十年間ほどの活動は、ある意味で、社会的実践を通して「社会改良」に積極的に関わったので、家永三郎その他の歴史家によって高く評価され、その後の伝道活動への引退がマイナスの評価を受けるのですが、世俗的な評価基準で考えればそうなのかも知れません。しかし、内村自身が、決してそう考えていなかったことは、内村の明治三三年の「東京独立雑誌廃刊の真因」という文章で分かります。

「東京独立雑誌は積極的真理の不足の故を以て廃刊に帰したのである。（中略）此雑誌の起りし時が消極的真理の必要の時であった、即ち公平なる態度を以て社会の暗黒的半面に鉄槌を加へねばならぬ時であった、其多少世に歓迎せられしは全く時勢の必要に応じたからであった、（下略）

日本の社会は殆ど失望の極に達して今は希望を要する時代となれり、其罪悪は摘指せられて全

体一点の真生命を留めざる耶の感あるに至れり、日本の社会を憎みし余輩も今は深く之を憐むに至れり、（下略）
是れ東京独立雑誌廃刊の理由なり、而して是れ亦此『聖書之研究』雑誌の発刊の理由なり、（下略）」（一九〇〇年九月）

「私教育」としての社会教育的な観点から言うと、この十年間は、内村が大いに活躍した時期だったと言えるでしょうが、この種のことは内村の独自の活動ではなく、とくに大正期に入ると、むしろ社会主義者や民本主義者が、日本人の理想を掲げて体制革新を唱えたと同時に、先述の保守派の教員や政治家などによる公権力主導の社会教育運動も、大きな潮流となっていたのです。内村はこのような政治的な動きには、基本的な部分で直接の関係を持たないようにしています。もちろん、非常に深いところで無教会キリスト教の信仰生活にぶつかることが起きると、急に立ち上がって活動しましたが、それは例外的なものでした。第一次世界大戦にアメリカ合衆国が参戦したときや、帝国議会の宗教法案の成立阻止のために意見書を送付したときなど、わずかのときだけでした。

内村の社会教育的な活動の中心は、「伝道」という私教育的な活動を通しての「人づくり」でした。内村が半生をかけて唱えたのは、西洋から「独立」した、そして日本人として、外国人宣教師や教会などの組織を通さず、自力で直接に聖書から基督の教えを学ぶ、という点で日本的な「無教会信仰」でした。この種の信仰による伝道を通しての「人づくり」とは、まさに広義の「教育」の仕事です。彼が社会主義者とどこで意見を異にしたかといえば、それは社会（外部条件）を変革すれば人間（内部条件）はよくなるという考え方に同意できなかった、ということです。逆に、まず個人としての人間の有り様を変えることが先決だと考えたのです。内村は言います。

「即ち基督教は中より外に向て働くものでありまして、社会主義其他総て此世の主義が外より中に向て働くのとは全く其行動の方法を異にします、基督教の見る所を以てしますれば、社会の不公平は皆な人が神を捨て去りしより起りしものでありまして、社会組織の不完全より来たものではありませんから、之を癒すの方法は人を其父なる神に連れ還るにあって、之に社会的新組織を供するにありません、故に基督教は制度とか組織とか云ふものには至て重きを置かないものであります。」

（「基督教と社会主義」、『聖書之研究』一九〇三（明治三六）年三月）

そして、それは、いわゆる教育、とくに「公教育」による人づくりでは不可能であり、聖書に基づくキリスト教信仰により、悔い改めを求める人づくりでしか可能ではないと考えたのが、内村の独自の視点だったと言ってよいでしょう。（内田芳明「解説」、『内村鑑三集』（近代日本思想体系・6）筑摩書房、一九七五年）

三　内村が相手にした教育と青年

そのような前提の上で、内村は、当時の日本の学校教育について、次のように述べています。

「これは実に世界の見物《みもの》であります。これほど奇妙なるものは世界にありません。その教育制度たるや、外形上、実にりっぱに見えます。これは欧州諸国においてすら、多く見ることのできない制度であるなど誇る、わが国の教育者もあります。しかし、どうでありますか。ヘルバルトが神と書きしところを、これはわが国体に適《かな》わずとてこれを削り、その代わりに、天皇陛下と加えしは、いかにも誠忠らしく見えまするが、しかし、これは彼、大教育家ヘルバルトに対して不忠実極まる所行《しょぎょう》でありまして、いやしくも教育家の聖職にあるところの者の、けっしてあえてなすべきことではありません。しかし、堂々たる日本の文部省では、かかる非学者的の事をなすのを少しもとがめず、神の名を削りて天皇陛下の名を加えしものを、真正のヘルバルト主義の教育学であるとて、これを国民の上に強《し》いたのであります。」

（「日本国の大困難」、一九〇三年三月）

明治中期以降、日本の教育界・教育学界を支配したドイツの教育学者J・F・ヘルバルトの教育学・教育思想について、根本部分の「神」を「天皇」に変えて何ら恥じない文部省の偽りを鋭く糾弾します。このようなことを問題にする教育学者は、主だった人では、これまで誰もいなかったといってよいでしょう。明治政府による公教育学校の「教育」なるものが、一見西欧の教育に似て非なる虚偽の教育である、なぜなら、キリスト教信仰を土台とする西欧の教育を偽って、天皇信仰による教育を行っているからであると指弾します。

さらに、明治三六年の国定教科書制度成立の契機となった、教科書疑獄事件に言及し、自らの不敬事件と対比して次のように断罪します。

「今を去ること十四年前、余はその頃発布されし教育勅語に向かって低頭しないとて、ひどく余の国人より責められた者である。（中略）余は、勅語はおこのうべきものであって拝むものではないと言いしに、文学博士井上哲次郎氏をもって代表されし日本人の大多数は、これを拝せざる者は国賊である、不敬漢であると言いて、余の言うところには少しも耳を傾けなかった。（中略）しかしながら文部省が勅語を拝ましむるに努めて、これをおこなわしむるに努めない結果として、教科書事件という、文明世界に向かって日本国の体面を非常に傷つけしこの大事件を引き起こすに至りしを悲しまざるを得ない。（中略）日本国の文部省は、弱き余一人を不敬漢として排し得て、数十百人の、余にまさるの大不敬漢をその部下の中に養成し、もって国辱を世界に向かってさらせしの責任よりまぬかるることはできない。（中略）また奇怪千万なるは日本国民である。（中略）彼らは形式を破る者には厳にして、内容にそむく者には寛である。彼らの道徳観念なるものは儀礼的であって、実効的でない。これ、なにも責められし余の不幸ではなくして、かかる浅薄なる道念を抱く国民の最大不幸である。」

（「不敬事件と教科書事件」、一九〇三年八月）

加えて、公教育を司る文部省に対して、

「シナ風の忠孝道徳を国民に吹入して、その道徳の敗頽《はいたい》を食い止めんとせし時に、今の文部省はその衰滅時期に入ったのである。（中略）そうして、かかるドンキホーテ的不可能事を試むること十有五年、ついに教科書事件てふ《ちょう》国家的大恥辱をその胎内より産出するに至って、文部省はその自滅を実にしたのである。」

（「文部省が不用なりし理由」、一九〇三年八月）

とその廃止を訴えています。時の公教育の、天皇制家族国家主義による儒教的思想教育を自らの事件と関連させて、正面から批判しているのです。

そのような観点から、基督教信仰を直接伝える伝道活動の方に、その後の活動の焦点を絞るわけです。その活動の中心は、最大時の部数四三〇〇と言われる『聖書之研究』誌の発行であり、また「聖書研究会」と「聖書講習会」の主宰、そして東京を中心とする全国的な講演活動でした。まず『聖書之研究』誌で、多くの発言があります。中でも、興味深いことですが、入学試験に失敗した青年に向かっての、次のような慰めの言葉が見つかります。

「余は君が又々入学試験に落第したりと聞き君に対し深き同情に堪えない、（中略）然れども余の茲に一言の君に告ぐべきがある、（中略）学校は成功に達するの唯一の途ではない、人生は広くある、（中略）人の大多数の学校を通過したことの無い者であるを知て、我等は学校教育必ずしも人生に必要ならずとのことを知るのである、（下略）見給へ、今の所謂る学士又は博士なる者を、（中略）彼等は高等教育を受けしが故に独り立つことの出来ない人となった、彼等は政府か又は教会か又は会社か富豪に頼らざれば単独で此世に立つことが出来ない、（下略）独立の生涯に入るの門は依頼の生涯に入るのそれの如くに狭からず。」

（「落第生を慰むるの辞」、一九一〇（明治四三）年九月）

この頃、このような問題が内村の周辺にも見られたのでしょう。虚偽の教育を行う学校教育に対して、内村はこれを絶対化せず、真の教育は自分の伝道において行われているという確信があったものと思われます。なぜなら、ここでも内村は、すでにこれまでにも見たように、「独立の生涯」こそが真の教育によってめざされるのであり、それを文部省による公教育、とくに学校教育が達成することは不可能であることを指摘しているからです。

しかし、もっと注意すべきは、なぜ内村がこのような優秀な青年を相手に懇切に語っているのか、ということです。それは、内村が期待していたのは、まずは主に、この種の、向学心に燃え、知的レベルが高く、道徳的に敏感な青年でした。「聖書研究会」も「聖書講習会」も、このような青年の学びの場として繰り返し開かれたのでした。

「第一等の教育を受けた者が宗教に入て来るにあらざれば宗教が駄目であるのみならず、国家も社会も、亦青年等彼等自身も駄目である。国民中第一等の人物が伝道に干与し亦従事するに至るにあらざれば其国民の運命は甚だ覚束ないものである。」

(「青年に告ぐ」、一九〇三年五月)

実は、社会教育的な流れは、明治の後期から大正、昭和の初期に至るまで、かなり大きなものとなっていました。それは、民主主義的・自由主義的な思想潮流が、第一次世界大戦とその後の不況を経て大きくなり、労働者教育の組織化や工場学校や農民学校の設置なども進められて、ロシア革命に影響された社会主義的な無産政党も登場し、左翼の運動も盛んになってきたことが一方にあります。他方、日本の保守派はこのような動きに対して、日本の国の独自性を明確にして、その種の思想に染まらぬよう、国を挙げて公教育を拡張浸透させようとします。この意味で、大正自由教育運動などの進歩的な動きに対抗して、文部省に主導される公教育は、むしろ「思想善導」「体育の奨励」「教化総動員」「勤倹貯蓄の奨励」などを軸として、大正十二年に発せられた「国民精神作興ニ関スル詔書」により、学校教育・社会教育を問わず「忠孝義勇の美」を強調するなど保守的傾向を強めることになります。昭和四年、文部省に社会教育局が創設され、従来の「通俗教育」の諸分野は「社会教育」として統一されました。この時期の社会教育の主たる対象は、農村や都会の勤労青年だったのです。（玉城　肇『日本教育発達史』三一書房、一九五六年）ここに、内村と文部省との違いが明確になります。果たして、これをどう評価したらよいでしょう。

4　大正期以後の日本の社会教育と内村鑑三の教育観

一　大正期から第二次世界大戦までの「社会教育」の実像

ここに、大正期からと書きましたが、昭和四年に文部省に「社会教育局」が設置されたと前に記したことを思い出してください。そのことを中心に、その前後の動きから状況の説明を続けたいと思います。この「社会教育局」の創設は、それまでの「通俗教育」と言われる分野の拡大充実の到達点であり、かつその後の社会教育の展開の出発点となったものです。「通俗教育」から「社会教育」への用語の変更は大正一〇年のことですが、それ以後は、この方面への公権力（国家・地方の行政府）の介入・組織化の動きが急速に展開します。

政府が青年団の組織化に着手したのは日露戦争直後の明治三八年で、戦時中に組織された「青年会」が、終戦によって役目を終えるのは遺憾である、との内務省の意向を受けて、関係者がその継続発展を唱え、文部省も小学校などとともに「青年会、処女会、母ノ会、戸主会ノ類ヲ組織シテ時々之ヲ開催シ毎回必ス聖勅ノ趣ニツキ訓話スルコト」や「補習学校又ハ青年夜学会等ノ補習教育機関ノ普及ヲ奨励」することなどにより、この方面の社会教育関係団体等を、全国的に組織化することに力を入れるようになります。

一般に、明治から大正に入ると「大正デモクラシー」の時代として、多くの人は大正期を通して明るい時代であったかのように思いこんでいる節がありますが、実はそれは、都会中心の一部の知識人あるいは労働運動の指導者、大学等高等教育関係者や私学・師範学校附属小学校関係者の生み出した部分的な動きで、国を挙げてそのような動きを歓迎するといった主たる側面では決してなく、むしろ全体としては、そのような民主的な風潮をいかにかして抑えようと、公権力側が非常な力を尽くした時代と言ってよいのです。例えば大正三年に第一次世界大戦が勃発し、六年にロシア革命、七年に米騒動、八年には日本最初の労働組合「啓明会」が結成され、九年に森戸辰男事件、そして日本最初のメーデーが催され、一一年には水平社及び日本共産党の結成が成され、その結果一四年に「治安維持法」が成立するのです。

中でも典型的な例の一つが、大正一二年の関東大震災後の、社会的な動揺や思想的な急進化傾向などに対する、「国民精神作興ニ関スル詔書」の渙発です。これにより、その後の社会教化運動が急速に展開することになり、これが昭和四年の社会教育局の最初の事業となる「教化総動員運動」の中心となりました。もう一つが、大正六年の臨時教育会議による「兵式体操振興ニ関スル建議」で、これによって学校に現役将校による軍事教練が導入され、軍国化の方向が決定的になったのです。

その後、大正一〇年から一一年にかけての、第一次世界大戦後のワシントンでの軍縮会議で、列強五ヵ国が軍縮を進めることになり、日本はその一一年に一部将校と准士官以下五万六千余名の兵士を除隊させ、一三年にはさらに四個師団（一個師団は六千人から二万人の規模）を削減したのです。除隊したこれらの将校を引き取ったのが中等学校以上の学校で、一四年には「陸軍現役将校学校配属令」が出され、彼らは教練担当の将校として、公教育内部におけるその後の軍事教育の中核を形成し、日本の軍国主義化を強力に進める一翼となりました。軍縮が軍国化を生んだのですから皮肉なことです。

ところで、その他に、社会教育の公権力による組織化＝公教育化の進行を示すものとして見逃せないのが、昭和一〇年の「青年学校」の創設です。ここからまさに、軍国主義を基調とする、昭和二〇年の終戦までの「社会教育の公教育化」が、その完成に向けた動きを始めたと言ってよいでしょう。昭和六年には満州事変が勃発し、七年の五・一五事件や一一年の二・二六事件を経て、一二年には中華事変（日中戦争）が引き起こされ、ついに一六年に太平洋戦争へと突入していきます。

このような戦争の継続拡大を担うべき若者の一部は、大学を中心とする高等教育機関で学ぶエリート層にいたわけですが、彼らは大正期から、むしろ社会主義や民本主義などの進歩的思想に強く影響されていたため、これを危惧した政府は、一面では大学や中等諸学校の数を増やすなどの量的拡大・拡張を認めるとともに、他面では治安維持法などにより、その自由な動きを国家主義的に弾圧し、国の戦争遂行に従順に従う人材を養成することに非常な精力を注ぐこととなります。

他方、大部分の若者は社会に出て、農・工・商の職業に就いて働いていたわけですが、そのような仕事を持つ若者のためには、職業教育を施す定時制の「実業補習学校」が明治二六年に創設されていました。それが明治三五年の規程改正を経て、大正九年にはさらに改訂され、その教育は「職業教育」のみではなく「公民教育」も重視するものとされます。大正一三年の公民科教授要綱を見ると、「公民教育」はそれまでの地方改良の視点から、国家の一員としての自覚を養う方向に変えられていきます。

このように大部分の若者を学校という公的な教育機関に囲い込んで、彼らに国家主義的な思想教育を総合的に施そうとしたのが、「実業補習学校」と「青年訓練所」を統合した、昭和一〇年の「青年学校」創設であり、昭和一四年のその義務制化であったわけです。青年訓練所は、先の現役将校の学校配属と並んで、小学校卒業後仕事に就いた若者を対象とする軍事教育の場所として、国民皆兵主義を前提に、大正一五年に「青年訓練所令」により創設されていたものです。昭和に入ってからは、戦争の拡大という必要に迫られて、若者の軍事教育には一層拍車がかかります。こうして、「その義務化とともに、小学校→青年学校という勤労青年のための学校体系が社会教育の領域において形成される」（仲新監修『日本近代教育史』講談社、昭和四八年）こととなります。

制度的には、これで学校教育も社会教育もともに、公権力による「国家主義と軍国主義」の公教育として、総体的にからめ取られていきます。その行き着く先が、詳細は省きますが、第二次世界大戦中の国会議員による全国組織「大政翼賛会」になり、全体主義が社会の隅々にまで及び、思想界を完全に支配します。

このような制度的な動きに内容上の「思想統制」がどう連動したかといえば、大正期から第二次世界大戦が終わるまでは、「思想善導」とか「国民精神作興」といったかけ声の下で、「教化総動員」「国体明徴」「国体の本義」などといった、未熟な国粋的民族主義の思想を絶対視し、西欧思想はこれを損なうものとして排撃する方向に進み、これに軍国主義が、天皇制国家主義を振りかざして強圧的に補強されたと言ってよいでしょう。これによって、「公教育」の中核である学校教育の内はもとより、その外の社会教育においても公教育の支配が徹底し、これに抵抗するすべの一つたる「私教育」の存在をも許さないような社会状況が作り上げられたと言えるのです。

二　時代に対する内村の基本的な姿勢

実は、ここで重大なことは、文部省に社会教育局ができた翌年の昭和五年三月に、内村鑑三が天に召されたことです。無教会キリスト教史の草創時代が終わり、次の時代に入ったということを意味しますが、この時代への内村の対処の仕方について、先に意表を突いたような例を挙げました。それは、彼が発した、一人の優秀な青年の受験の失敗についての、慰めの言葉でした。

その中で、内村の言葉で注目されるのは、「学校は成功に達するの唯一の途ではない、（中略）人の大多数の学校を通過したことの無い者であるを知て、我等は学校教育必ずしも人生に必要ならずとのことを知るのである、（中略）見給へ、今の所謂る学士又は博士なるものを、彼等は果して羨むべき者なる乎、余の見る所を以てすれば彼等は高等の奴隷たるに過ぎない、彼等は高等教育を受けしが故に独り立つことの出来ない人となった、彼等は政府か又は教会か又は会社か富豪に頼らざれば単独で此世に立つことが出来ない、彼等の学問は彼等を縛る強き縄である、（下略）」（「落第生を慰むるの辞」、一九一〇年九月）という言葉と、「第一等の教育を受けた者が宗教に入て来るにあらざれば宗教がだめであるのみならず、国家も社会も、亦青年等彼等自身も駄目である。国民中第一等の人物が伝道に干与しまたは従事するに至るにあらざれば、その国民の運命ははなはだおぼつかないものである。」（「青年に告ぐ」、一九〇三年五月）という言葉です。

この内村の考えは、文部省の明治以来の考えとまったく反対だと言えます。内村は、「第一等の教育を受けた者」こそが国家・社会にとって重要であるとしているのに対して、文部省は、学校教育はもとより、「通俗教育」「社会教育」を通して、若者の大部分を占める勤労青年を重視し、彼等を公権力の支配下に置いて国家・社会の必要に応える体制を組織化したからです。内村の目は「一部の少数の優れた若者」に向けられ、その独立の気概を高めることに主眼が置かれますが、文部省は「大多数の勤労に従事する若者達」に向けられ、彼等の国家への依存心を強化し、国家からの独立の気概を削ぐことに腐心しているからです。

ここで誤解のないように一言しますが、内村は先の言葉の中の「第一等の教育を受けた者」を「高等教育を受けた大学生」と同一視しているのでしょうか。丁寧に読めば、そしてこれまでの内村の文部省に対する痛烈な批判の言葉と合わせ考えるなら、「当時の帝大生に代表される一般の大学生等」という国家エリートを、個別にではなく一般的に見て、「第一等の教育を受けた者」としていないことは明らかです。内村は「正当の大学教育を終えた者で基督の福音の伝播に身を委ねている者はどこにいるか」と反問し、彼等は「単独で此世に立つことが出来ない」「政府・教会・会社・富豪等に依存し縛られた高等の奴隷」として正面から批判されています。ここでいう「第一等の教育」なるものが文部省管下の「大学にまで至る学校教育や家庭・地域にまで浸透している社会教育」を指しているはずがありません。この点は、あらためて次項で述べます。ここでは、まず「少数者」か「多数者」かという量的な観点で見てみましょう。

文部省は、若者の多数を占める勤労青年を「社会教育の公教育化」によって取り込み、国家の必要に従属させて、兵士として「道具・手段」のように扱いました。その象徴的な表現が、「天皇の赤子」という「家族国家主義」に依拠して親子関係になぞらえた「臣民」または「小国民」としての自覚の醸成でした。軍人はこれを徹底的に利用して、若者を戦争に駆り立てたわけです。学校においては「皇国民の錬成」と称して、「軍事教練」を核にして、将校自ら先頭に立って若者をリードしたとともに、学校外においても青年学校等において「公民教育」や「軍事訓練」を施して、「ほぼすべての若者の教育の全面にわたって公教育の浸透を図った」わけです。その象徴的な文書が、文部省の出した『国体の本義』（昭和一二年）と『臣民の道』（昭和一六年）でした。その結果、それ以後、「私教育」はごく一部の場所、あるいは個々の家庭の内部でしか許されなくなりました。

さらに第二次世界大戦末期になると、国民の間でも相互監視が強まり、たとえ隣人であっても国の意向に沿わない言動があれば、権力側に通報され捕らわれることがあったわけです。これはまさに、文部省側の社会教育政策の成功を意味するもので、その効率性・有効性だけを見れば、つまり「何のために」という目的を問わなければ、内村の考えは失敗であったとも言えるのです。「国民の大多数を誘導できる体制をつくり、少数の反対を抑え込むこと」に成功しているからです。

三　「少数者」に「公教育外の教育＝私教育」を施すことの意義

では、内村の考えは何の成果も挙げずに消えていったのでしょうか。そうではないことが、現在の段階ではよく知られています。その点を少し、これまでとは異なった視点から検討してみましょう。

内村が召された後、その弟子達はみな各自の思いを持ちながら、独立伝道をめざしつつ日本各地に聖書の研究と礼拝をする無教会の集会（エクレシア）を立ち上げます。まず、弟子達の中で著名な人を挙げると、藤井武、石原兵永、江原萬里、塚本虎二、畔上賢造、黒崎幸吉、金澤常雄、政池仁、山本泰次郎、鈴木弼美、その他の方々で、いずれも職を投げ打って伝道に赴いています。また、独立伝道までは行かなくても、仕事をもちながら家庭集会などを含め、その種の集会をもった人も、例えば、南原繁、矢内原忠雄、三谷隆正、その他の方々がおり、また地方でも伝道に従事する人が出て、多くの人が目に見えないながらも全国のあちこちで活動を開始したわけです。

中でも、これらの人々は、各地の聖書集会とともに、相互に連絡し合い、東京の今井館で内村没後持たれていた感謝祈祷会のメンバーを中心に、全国的な聖書講習会や講演会を開くことになります。このように、集会を中心とする私的な集まりは、対外的に開いている組織・団体であれば、他方で「公的な」責任を有するものであるので、ほとんど情報交換・連絡のみを行うものであっても、一定の社会的な活動を展開していたと言えるでしょう。その良い例が、矢内原忠雄の戦時中の活動、とくに「土曜学校」講義などで、それは少数とはいえ、無教会信仰者の支持があったからこそ続けられたものだと言えます。

しかも、これらの人たちの多くは、旧制の高等学校や師範学校、帝国大学を卒業したか中退した知的レベルの高い人たちで、それ以外に地方の集会に集まった人たちも、その多くが学歴も教養も比較的高い、その地方の中堅以上の階層の方々でした。もちろん、そうでない労働者階層の方もいなかったわけではありません。けれども、その数は決して多くはありませんでした。

この知的階層に偏っていたことはよく問題にされますが、考えてみれば当然のことで、基督教に関心をもつ人は、ある程度、読み書きの能力を身につけた上で、西欧の知識や文化に興味をもち、それにアクセスできる人でなければならず、そのような人は日本ではまだごく一部の人に限られていたと言ってよいでしょう。戦前の大学進学者は同年齢の若者のうちの数%に過ぎないものでしたから、そのうちのさらに数%の人たちが集まり、内村やその後の弟子達は集会や講演会を続けたことになります。

事実、こうして無教会には、昭和五年以降、内村の弟子達によって北海道から沖縄までの全国各地に、東京を除き、少なくとも三五カ所に、その種の集会を持つ人が現れたのです。（無教会史研究会編著『無教会史Ⅱ－第二期＝継承の時代』日本キリスト教史双書、新教出版社、一九九三年）東京を含めれば、全体で四〇カ所以上になっていたでしょう。この人達の活動をどう見るかは、これまでいろいろに言われてきました。全国的組織として「教友会」があっても、伝道面でどれほどの役に立っていたのかと問われる一面もあります。現在は別として、内村没後の時点から第二次世界大戦の終了時までを取ってみると、無教会信仰者の一群が、矢内原忠雄を代表として、戦時下においてとくに当時の軍国主義・国家主義・民族至上主義の勢力と正面から闘ったことが評価されてきました。しかし、内村が、没後は自分の集会を解散させ、弟子達に生前から「独立」を迫っていたことを考えると、これでよかったのだとも言えます。内村が、一人一人の独立を常に最重視していたことは、誰が見ても明らかだからです。この観点から見て、先の内村の言葉を考えてみましょう。

「第一等の教育を受けた者」という内村の言葉について、筆者は、最初はこの「第一等の教育」というのを、「第一等の学校教育」と解し、「大学教育という質の高い教育」のことかと思っていました。しかし、これまでの内村の「学校教育、とくに文部省の管轄下におかれる公教育」批判と合わせ考えると、ここで言われている「第一等の教育」とは「学校教育を中心とする公教育」ではなく、「公教育外の教育」を指しているとしか考えられなくなりました。しかも、「学校教育ではない社会教育の分野の教育」であっても、内村は「文部省」が関わっている「国家による教育＝公教育」はすべて否定的ですから、これまで述べてきた、若者の大多数を対象とする「通俗教育」や「社会教育」についても、決して肯定できるものではなかったと言ってよいと思います。

では、「第一等の教育」とは何を指すのでしょうか。内村の主張の論理をたどれば、それは「自分の開いている聖書研究会や聖書講習会などの集会を通して行っている伝道活動」による教育、これこそがそれであると考えていたのではないでしょうか。言い換えれば、これは「公教育外の教育」の場、すなわち「私教育」の場であり、この場こそが宗教のみでなく「国家も社会も、亦青年等彼等自身も駄目」にならずに済む場だとの自負があったものと思われます。だからこそその言葉の後に、「国民中第一等の人物が伝道に干与し亦従事するに至るにあらざれば其国民の運命は甚だ覚束ないものである」と結論的に述べているのだと思われます。そして、人数的にも、内村は多くを望めないと承知していたと思われます。むしろ「少数の者に、真理を伝えること」が大切であり、文部省のように「多数の者に、非真理を教える」ことは、まさに国を滅ぼすものだと考えていたと言ってよいでしょう。これは、旧約聖書の預言者の思想的系譜をひくものであると言えます。

ここで、今後の論述につなぐために述べておきたいのは、この意味で何らかの形で「聖書集会」のようなものを公的に開いていくことは、社会教育的に見れば、「住民による自己教育」の場として、「私教育」の機会を確保するものであり、たとえ人数的な成果は遅々として挙がらなくても、社会教育の場を「公教育」に全部からめ取られないようにする重要な企てとして必要不可欠なものである、との意義を見逃すことはできないという点です。これは無教会の場合だけではなく、種々の宗教・宗派のみでなく、すべての民間の側からの社会教育的な企てと合わせて、「自己教育の場」を確保し、決して「公教育」にすべてをあずけないことが、知恵ある態度として求められるということです。このような「教育」の在り方について、次にはより現代的で、大きな観点から述べることにします。

5　第二次世界大戦後の日本と内村の系譜から見た日本の教育

一　第二次世界大戦後の日本の新しい出発

最近、第二次世界大戦直後の日本について、当時の事実に関する新たな関心の高まりが見られます。それは、戦争を知らない世代による、戦後の日本を実際には誰が方向付け、日本人は自国の国づくりにどれほどの主体的関与をしたのかについて、より客観的に知りたいとの欲求から出たものであるように思います。ただ、その背後に、日本人としての民族意識・国家意識の高まりが見られることは見逃せません。それが、日本を絶対化するような国家主義・国粋主義的なものにならないように、十分注意しなければならない状況にあります。そこで、少し戦後の日本の歩みと教育改革をまとめておくとともに、内村以後、彼を継承した者が、それにどのように関わったかを見てみることにします。

第二次世界大戦において、当時の日本は昭和天皇の裁断により「ポツダム宣言」を受諾し、「無条件降伏」を余儀なくされますが、政治的には占領軍の直接統治ではなく、日本政府を通じての間接統治で、占領行政が行われることになります。その際の日本政府の最大の関心事は「国体護持」

＝天皇制国家体制の維持、ということにありました。八月一五日の大臣訓令で文部省は、終戦の詔書にあった天皇の考えに従い、「国体護持ノ一念ニ徹」すると強調し、さらに九月一五日に文部省の示した「新日本建設ノ教育方針」においても、「今後ノ教育ハ益々国体ノ護持ニ努ムルト共ニ軍国的思想及施策ヲ払拭シ平和国家ノ建設ヲ目途トシテ」日本の再建を図るとうたっていたのです。軍国主義的な部分だけを排除することで済まそうとする意図が明白で、この「教育方針」の中身も大部分が戦時教育体制を平時の体制に戻す意図で、学徒隊の廃止、戦時的教育訓練の一掃、軍事教育の全廃、教科書の当面の訂正削除、動員学徒の復学措置、軍学校在校者と卒業者の文部省所管学校への受入れ等の措置を示したものでした。（仲 新監修『日本近代教育史』講談社、昭和四八年）

日本側のこのような動きに対して、占領軍の最高司令官総司令部（ＧＨＱ）はかえって疑いをもち、昭和二〇年中に、戦後教育史上有名な、次の四つの指令を発しています。

①日本教育制度ニ対スル管理政策（一〇月二二日）

②教員及教育関係官ノ調査、除外、認可（一〇月三〇日）

③国家神道、神社神道ニ対スル政府ノ保証、支援、保全、監督並ニ弘布ノ廃止（一二月一五日）

④修身、日本歴史及ビ地理停止（一二月三一日）

これらの指令に共通する方針は、軍国主義のみならず超国家主義・民族主義の傾向をすべて排除し、自由主義・民主主義的傾向を復活奨励することでした。いずれも重要な内容を含んでいますが、①は「軍国主義及ビ極端ナル国家主義的イデオロギーノ普及ヲ禁止」して、その種のイデオロギーを積極的に推進した者の罷免と「基本的人権ノ思想ニ合致スル諸概念ノ教授及実践ノ確立」を求め、自由主義ないし反軍国主義的な言動のゆえに追われていた者の復職を促すものでした。また②の指令により、昭和二一年四月末までに、事実上、一一万五千人以上の教員が教職追放されました。

さらに③については、神道が国家権力に結びつき権力的に悪用されて、軍国主義や天皇制国家思想を強化した事実に対し、「宗教ヲ国家ヨリ分離スル」という近代公教育の一般原則の実現を求め、「万世一系」の天皇観やその神格性への信仰、日本民族の優越性や神国思想を否定する方針を明確にしたのです。④については、以上のような方針のもとで、この三教科の全面的停止を求めたものでした。

この二つの異なる教育政策のうち、どちらが力を持ったかと言えば、明らかに占領軍総司令部の方でしたから、日本政府の意向は無視されました。そして、GHQの中の民間情報教育局（CI&E）の要請により、昭和二一年三月に、第一次の「対日アメリカ教育使節団」二七名が来日し、一カ月弱の滞在期間内に精力的に活動し、三月末には報告書をマッカーサー最高司令官に提出していきました。この時、この使節団に協力する日本側教育家委員会が組織され、当時の東京帝国大学総長南原繁を委員長に、自由主義的傾向をもつ一流の識者二九名が選出されていたのです。この種の日本側の教育関係者については、その後、昭和二一年九月に開かれた「教育刷新委員会」とともに、後述したいと思います。

報告書は、成人教育（社会教育）についても勧告していますが、それは上からの思想統制を図るものではなく、中央・地方とも、教育、労働、産業、新聞の各界及び青年の代表で構成する諮問委員会のもとで、ＰＴＡの強化、学校施設の開放、図書館・博物館などの成人教育施設を整備するとともに、それ以外にも各種団体による自由な成人教育活動が期待されていました。

以上のような動きを経て明確になった戦後の教育体制の主な部分を要約すれば、本書の内容との関係の深いものは、「平和主義（戦争放棄）、民主主義（主権在民）、基本的人権尊重の三大原則による日本国憲法」国家体制のもとで、「教育勅語体制（勅令主義）から教育基本法体制（法律主義）へ」の教育行政の移行、「六・三・三・四制の単線型学校体系」の確立、「男女共学」の採用、その他が具体化したことだと言えるでしょう。

二　昭和二六年の独立後の日本の公教育

一般に「戦後」はこれまで一貫した時代と受け取られてきましたが、政治的には、日本と連合国側との間の、昭和二六年九月のサンフランシスコ講和条約の締結（旧ソ連・ポーランド・旧チェコスロヴァキアを除く）後は、日本が正式に独立したことにより「日本政府」は自前で意思決定できるようになりましたので、それ以前とは基本的に責任の取り方が違うのです。この独立までの六年間の間接統治と、それによるアメリカの圧倒的な情報統制・文化支配の半世紀にも亘る影響に対して、最近の数十年ほどは、日本の保守派の中の国家主義的・民族主義的な思想家や理論家が、これを思想界の自由主義的・左翼的偏向として猛烈に反発し、攻撃し続けてきたわけです。そこには日本の民族的特性を排除してきた流れに対する、強い抵抗と抗議が込められていると言ってよいでしょう。

実は、独立の一年前の昭和二五年九月に、第二次の対日アメリカ教育使節団が来日しています。教育史的にはあまりその使節団の役割は重視されないのですが、政治的には非常に重要な意味をもっていました。なぜなら、その三カ月前の六月に、朝鮮半島で戦争が勃発していたからです。北朝鮮軍が奇襲により朝鮮半島を南下し、使節団の訪日した九月には、半島の南東端のごく一部のみを残して、北朝鮮がほぼ半島全体を支配する状況でした。この事態に直面して、アメリカは、日本が共産主義化する恐れがあり、そうなれば東アジア全体が、太平洋を含めて旧ソ連と中国の共産主義の影響下に入ることになると、強い危惧の念を抱きました。アメリカは旧ソ連と、朝鮮の扱いについても、ドイツの場合と同様に鋭く対立し、いわゆる「東西冷戦」の様相を呈するようになっていたのです。

そこで、アメリカはこの第二次教育使節団によって、それまでの教育改革の成果を見るとともに、日本国内の左傾化の進行を防ぐために、教育にテコ入れをすることを第一に考えたのです。「極東において共産主義に対抗する最大の武器の一つは、日本の啓発された選挙民である」として、その反共的役割を強調し、日本政府による教育再改革を促した、と言われています。（五十嵐顕他編『岩波・教育小辞典』一九八二年）

これによって、日本の公教育は、左翼的な思想に立つ日本教職員組合（日教組と略称）と、主にそれによる「新教育」つまり経験主義の哲学と自由主義・平和主義的な思想に依拠する教育を改め、昭和三〇年の社会科の学習指導要領改正と同三三年の全面改正により、学習指導要領に法的拘束力を持たせて、「道徳の時間」特設を強行し、知識の系統を重視した知育、愛国心を喚起する徳育に転換させ、中央教育行政当局による上からの規制強化の形で、反共自由主義の方向に大きく舵を切ったのです。

この朝鮮戦争は日本の経済・産業界の戦後復興に大きな役割を果たし、自衛隊の創設による再軍備論が盛んになりました。当時の保守党政府は当初、自衛隊は軍隊ではないので憲法第9条に違反しないとして、その後一貫してその戦力の増強に努めてきたのですが、そのような歴史的経緯からすると、同じ党派に属する小泉純一郎氏が一〇年近く前に首相になって、「自衛隊が軍隊でないなどというのはまやかしだ」と公言したときは、自分の属する政党の従来の公式の見解を嘘だと断じたのですから、同時代を生きた者は耳を疑いました。しかし、ジャーナリズムは保守党のそのような変質を、それまでの欺瞞的な自衛隊論から一歩出て、正直に憲法改正の姿勢をとったものだと評価する態度を示し、保守党の無責任さを批判してもよいはずなのに、大きな反発は起きませんでした。

しかし、この朝鮮戦争と日本の独立以後の、世界的に見て大きな歴史上の出来事としては、一九七八年から八九年までの旧ソ連軍によるアフガン侵攻と一九八九年のベルリンの壁の崩壊が挙げられます。前者は社会主義国家でも他国を侵略するという事実を白日の下にさらした出来事で、以来、社会主義・共産主義勢力は急速に弱化し、後者はその流れを決定的にして、旧ソ連・旧東独の社会主義政権の崩壊を導いたわけです。その結果、日本においても、左翼的な思想家や社会主義的思想に共鳴していた理論家・研究者・ジャーナリズムは大きなダメージを受け、反対に、それ以後は保守派や右翼的政治家・思想家、民族主義的理論家・研究者が声を大きくし始めました。

ところで、小泉首相の頃までは、徐々に日本人の生活水準も向上し、好不況の波はありましたが、世界第二位の経済大国となり、社会不安も減退したため、日本人の大部分は自由主義体制の恩恵を享受していました。むしろ、そのような状況の中で一九九一年に起きたイラクの湾岸戦争が、日本の思想界に大きな転機をもたらしました。日本が自衛隊という軍事力をもちながら、イラクへの軍事的支援を行うのでなく、お金の面からの間接的支援にこだわったため、それはなぜなのか、そのような対応しか認めないような長年の日本の国民意識はどこから来ているのか、という疑問が世界的に生まれ、それが日本の保守派・民族派の間に広がりました。そして、「軍事力を持たない日本」という平和主義思想は、一方でアメリカによる日本の非軍事化の政策による強制であり、他方で旧ソ連などの社会主義国による外交政策からきたもので、それによって、第二次世界大戦における日本及び日本人の民族意識を剥奪しようとした連合国の策略だった、という見方を宣伝したのです。

この人たちは民族主義的な感情に基づいて強く反発し、連合国が日本人に、「我々は悪いことをした！二度とこういうことはしない」と意識させる「自虐史観」を吹き込み、一見客観的に見えるが、政治的な情報操作により、巧妙な民族意識の骨抜き策を取ったと批判し、第二次世界大戦も、日本が侵略したからではなく、連合国軍の政略にはめられて起こしたのだと主張するようになります。そして、この種の「民族の誇りを持たせる」戦後史の見方の絶対視が、安倍首相を支える日本会議などの威圧的な活動により、ここ一〇年ほどは日本人の間に広まりました。教育の世界でも、タカ派の保守的思想家による「新しい教科書をつくる会」の教科書が検定に通って、現在ではかなり多くの地方教育委員会に採択され、使用されています。この見方は全体として、日本の良さを重んじてきた内村の系譜に立つ者の目から見れば、一種の反動であって到底絶対視できるものではなく、今後相対化しなければなりません。

三　戦後教育界に内村の後継者の果たした役割

ところで、第二次世界大戦後の日本の思想・政治・教育などの多くの分野で、内村鑑三の弟子たちの果たした役割は、きわめて大きなものがあります。周知のごとく、戦後すぐの東京帝国大学総長は南原繁（昭和二〇～二六年在任）であり、その次の総長が矢内原忠雄（昭和二六～三二年在任）でした。この二人以外にも、内村の多くの弟子や孫弟子が、戦後の日本の学界・教育界・実業界の一翼を担いました。しかし、とくに教育界においては、二人の東大総長の果たした役割は大きかったと言ってよいので、ここではこの二人についてだけ述べることにします。

まず、南原繁については、アメリカの第一次教育使節団が訪日したとき、日本側教育家委員会の委員長として、中心的な役割を果たしました。その自由主義的主張は決して自己主張の臭みはなく、理路整然として独立の気概を含んだ気品のある意見として、アメリカ側関係者に深い感銘を与えています。その一部は、アメリカ側関係者のM・T・オアの著書に引用されている、後の昭和二五年の南原の次の言葉からも容易に推測されます。

「この好機は、まさに、日本の敗戦が国民にもたらした最大の天恵であり、ここに国民は将来に対する光と希望を見出すのである。わが国の教育改革については、…使節団の思慮に富んだ勧告や、…CI&Eのたゆまぬ尽力と協力をどんなに高く評価してもしすぎることはない。…私が最も強く願っていることは、日本の国に育んできた善にして美なるものを保存し、それと同時に、アメリカその他の諸国から、新しく優れたことがらを再び学び取ることで、それによって日本はこれらの両方の要素から、本質的に固有の文化を発展させることができるであろう。」

（土田元子『日米・国家と個人の間』南窓社、二〇〇三年から再引用）

また、その後、この委員会の後身として発足した「教育刷新委員会」という、文部省からは独立した、後の昭和二七年に中央教育審議会に組織変えされる会議の副委員長、また委員長として、教育基本法を始め、戦後日本の教育制度全般について、提言しました。その内容は、一九四六年から始まる三五回の建議により、基本法の制定の必要、六・三制の実施、私立学校、大学、教員養成、社会教育、教育行財政など、教育のほぼ全分野に亘って日本側の見解を述べた広範なものでした。しかし、アメリカ教育使節団報告書が打ち出していたもののうち、教育内容・方法や国語改革などの問題については、建議事項とはしなかったので、使節団の見解に対しても主体的・自主的な姿勢を保っていたと言えます。(山口周三『資料で読み解く南原繁と戦後教育改革』東信堂、二〇〇九年)南原については、「特に、全期間を通して、委員会を率いた南原繁の卓抜した指導力が注目される」と歴史家からも高く評価されています。(「教育刷新委員会」の項、鈴木英一執筆、細谷俊夫他編『新教育大事典』第一法規、平成二年)また、南原は自ら小学校教員の免許をもち、実地の指導経験もあったことから、戦後の東京大学に教育学部を率先して創設したことも特記しておきます。

一方、もう一人の東京大学総長、矢内原忠雄(昭和二六~三二年在任)の活動はもう少し社会的な広がりをもっていました。南原が、その立場上、戦後すぐの中央教育行政に関係して、「公教育」の基本性格を特徴づける働きを成したのに対して、矢内原は一九三七年に東京帝国大学を追われて野に下ったことが、その後の活躍の方向を決めたと言ってよいでしょう。在野の矢内原は、今井館聖書講堂での日曜日の聖書講義に加えて、自宅で一般の人にも公開して、例えば「土曜学校講義」という名の講座を開き、少数ではあれ聴講者に、自ら自由に研究した成果や思うところを述べる活動を展開していました。これは、東京大学総長になってからはできなくなりましたが、その代わり、総長になってからは、南原とは異なり、政府の中枢に関わるよりも、野にあって国の行く末を問い、主に書物や講演などの公的発言を通して学生以上の社会人に向かって、「私教育」的な場で自らの人権・平和の思想、政治的信条を語り、戦後の日本復興と社会改革の方向について、精力的な活動を続けました。

矢内原は、戦後の教育について、押し付けられたものという保守派の声に反論しつつ、歴史的な観点から、

「歴史的にみまして、また思想的にみまして明らかなことは、（中略）戦後の教育理念はどうしても平和と民主的人間を目標にしなくてはならない。これは他人からいわれなくても、日本国民自身がそういうことを自覚し、自分たちの心に抱きしめてたつべきであることは明らかであります。」（「戦後の教育理念」、矢内原忠雄『主張と随想——世界と日本と沖縄について——』東京大学出版会、一九五七年、二七三〜四頁）

と述べています。この言葉には、第二次世界大戦の最中に弾圧を受け、東京大学を追われた矢内原の体験に裏打ちされた、深い痛烈な思いが込められていると思われます。この個人的な思いが、一般の日本人の多くに理解されたかといえば、彼の懸命な努力にもかかわらず、生前でも不十分・不満足なものに終わったことは、彼が、類似の経験をしたユダヤ民族の預言者エレミヤを「悲哀の人」と呼んで、戦中・戦後の自らと二重写しに見た講演に明らかです。「抱きしめてたつべき」と

いう言葉は、戦争直後の日本を誠実に描き、米日両国で話題になったマサチューセッツ工科大学のジョン・ダワー教授の著作『敗北を抱きしめて――第二次大戦後の日本人』上・下（三浦・高杉訳、岩波書店、二〇〇一年）のタイトルを思い起こさせますが、一部の保守派の政治家には受け入れがたいものでしょう。しかし、矢内原の「人類の幸福と平和に貢献する日本」という論理からすれば自然なものでありました。

矢内原の教育活動において、もう一つ見逃せないことは、東京大学総長の任期を終えて退官した後、すぐにお茶の水基督教学生会館という建物の一室に「学生問題研究所」というものを個人的に立ち上げたことです。その様子を伝える新聞の談話で、矢内原は所長として「冷たい頭、暖かい心であるべき学生諸君を悩ましている原因を各専門分野でつきとめれば対策が立てられる。どこの大学生でも対象になり、相談にこられるというのがミソです」と話しています。（読売新聞、昭和三四年二月一二日（木）朝刊、一四版（中央版））矢内原のこの活動は、「学生問題」という研究領域を学問的に初めて開拓したものであるとともに、当時の学生の政治的・経済的・社会的・心理的・教育的など、様々な活動について、学生の側に立って理解し、その抱える問題の解決を支援しようとしたものでした。

四　南原・矢内原の教育論の分析と示唆――新渡戸稲造の影響の重要性も含めて――

以上のような筆者なりのまとめを基礎に、南原・矢内原の教育論の特質を分析し、そこから現代のわれわれに何が示唆されるのか、「公教育と私教育の区別」の視点から検討してみましょう。

第一に、共通点としては、二人とも戦前の国家主義教育を否定・反省して、「個人」「自由」「人格」「人間性」「民主」「平和」をキーワードとする戦後教育をつくり、それを軌道に乗せようと奮闘していることです。しかも、この二人の背後に、「新渡戸稲造」を見るべきであると指摘する若手研究者もいます。（梅本大介「沖縄諸地域に伝播した日本の教育基本法」早稲田大学大学院・安彦ゼミ発表資料、二〇一一年）

実は、教育基本法の原案作成者である田中耕太郎は、自らが新渡戸の校長時代の第一高等学校における門弟であることを認めつつ、イギリス留学時代に、国際連盟事務局次長としてロンドンにいた新渡戸宅に下宿したなどの個人的な接触から、新渡戸と激しく議論し影響を受けたといわれます。（同上）そして、田中自身が「私が兼々不思議の念をいだくのは、この偉大な教育者がわが教育史または教育思想史を記述するにあたり、全然考慮されていないことである。世間の教育学者達は（中略）先生が専門的な教育学者でないことから、無視しているように思われる。しかしもし明治の教育史において福沢諭吉を度外視できないとするなら、同様の理由を以て新渡戸稲造を度外視できないのである。」と述べ（新渡戸稲造全集編集委員会編『新渡戸稲造全集』第二二巻、教文館、一九八六年）、その上で、教育基本法の内容構想に新渡戸の影響を認めています。（同『新渡戸稲造全集』別巻二、教文館、二〇〇一年）

このうち、南原については、戦後教育改革に大きな役割を果たした日高第四郎が、「新渡戸稲造先生は、教育基本法の精神の『歴史的背景』をおのずから築き上げられた、その育ての親であったとも言えよう。（中略）多くの人々は先生に代わるような心持を以て祖国の復興の為にそれぞれの立場から身命を賭して立ち上がったのであろう。」と明言して、その先生に代わる人物の中に、前田多門や田中耕太郎らに並べて南原繁の名をあげています。（新渡戸稲造全集編集委員会編『新渡戸稲造全集』別巻二、教文館、二〇〇一年）また矢内原については、矢内原自身が、新渡戸稲造を偲んで戦後に結成された「小日向会」の有力メンバーであり、新渡戸を内村と並ぶ恩師と仰いでいたことから明らかです。（矢内原忠雄『矢内原忠雄全集』第二四巻、岩波書店、一九六五年など）この意味で、二人の背後に、内村鑑三の札幌農学校以来の親友であり、クエーカー教徒だった新渡戸稲造がいたことは特記すべきことだと思います。

ところで、この内村の弟子二人のうち、南原は「自由」を、矢内原は「平和」をとくに強調していることが特徴でしょう。この点は、二人の個人的思想・経歴が関係しているとともに、南原が戦争終結時から連合軍占領下、矢内原が連合軍占領下から独立時と、その活動の時代的背景が大きく異なっていたことが影響していたと言えます。そして二人とも、暗黙のうちに「公教育」の改革を求めていると言えるでしょうが、「私教育」と区別せずに論じているために、何をどう変革すればよいのかについて、一般的・概念的に言うのみで、ほとんど何も具体的なことは明言していません。

さらに、最終的に日本の教育が、宗教的なものと結びつかなければ、本来の目的は達せられないと考えていたことも、共通していたと言ってよいでしょう。南原は教育の限界をいうよりも、「自由」の社会的側面として「愛」を唱えるとき宗教に言及しますが、矢内原は「教える」という教育の行為の届かないところに宗教を置いています。この点は、その弟子であった西村秀夫が、矢内原が「一九五一年一二月、東大総長に選ばれた時も、彼は総長の職にある者が今井館の聖書講義をし、『嘉信』を発行しても、法制上差し支えないか否かを確かめたうえで、就任を承認した」（西村秀夫『矢内原忠雄』日本基督教団出版局、一九七五年）と記していることで、「教育」と「伝道」とを自覚的に区別していたことは明らかです。

第二に、しかし、相違点もあります。それは、時代的な差違ということもありますが、南原は教育の方針や理念を語り、公教育の制度化も含めて、まず土台・基礎・前提をつくり、矢内原はそれを受けて、とくに教育基本法の主旨を踏まえて自ら実践して見せた、という点です。しかし、より実践的であった矢内原でも、その「人格」概念は、教育基本法第一条の規定を受けたものとして、南原のいう「人間性」と同様に哲学的で、「外的要因に左右されない、時代や社会の違いを超え出た、人間としての固有の価値＝人格としての尊さ」を言うのみで、具体的な育て方は明言していません。日高第四郎が「新渡戸の共通の門弟として、その『人格の養成』というものに自然的に同意・前提としていたと考えることができる」と述べているように、ともに新渡戸稲造の思想的影響を受けた用語だと思われます。（新渡戸稲造全集編集委員会編『新渡戸稲造全集』別巻二、教文館、二〇〇一年）そして、その背景にある問題として、矢内原は「教育の限界」を説いて、「宗教」の役目を暗示しますが、それが公教育でどのように可能なのかについては明示していません。この意味で、戦後の公教育が教育基本法の求めてきた「宗教教育」を行わず、「宗教一般」を明確に教えてこなかったことにあまり触れなかったことは問題です。

この点については、「教育の自由」の問題が関係しており、二人はこれに言及していますが、ともに宗教との関係からではなく、南原は大学における研究と教育の自由を中心に述べているのに対し、矢内原は、とくに大学以外の学校における教育の自由についても述べて、より一般的に明確に、次のように言います。

「教育の自由をわれわれは要求します。政治や経済や文化や軍事など、教育以外のものから教育の内容について干渉すべきではない。（中略）人間性といいますか、ヒューマニティといいますか、人格と申してもよろしいが、その人間性とか人格というものを養うことが教育本来の任務であります。（中略）人間の価値はその人の所有の貧富にもよらず、社会的な権力をもつか否かにもよらず、人間には人格としての尊さがある、その尊さを意識させ、発達させていくのが教育の本来の任務である。」

（「教育の基本問題」、矢内原忠雄『主張と随想』東大出版会、一九五七年、二五二～二五四頁）

ここでは、暗黙のうちに「公教育」を前提に論じていると言えますが、もう一歩踏み込めば、

「私教育」にも当てはまるように思います。しかし、矢内原は「公教育」という語をどこにも使用していません。これは、「人間性＝人格」について、その普遍性のみを一面的に強調したこととともに、その教育論をわかりにくいものにしています。

あらためて、「公教育と私教育の区別」を念頭に教育論を組み立てると、この点がずっとすっきりしたものになるのです。ここでは、南原は主として「公教育」に、矢内原は主として「私教育」に貢献したと記しましたが、二人がこの公私の区別を自覚していれば、より明確な主張になったと思われます。「公教育」にすべてをあずけるのではなく、法律等によって公権力が関われる部分をできるだけ狭く限定し、「国民としての共通基礎教養」と「国民の自己教育への機会均等」を保障するのみとするとともに、それ以外については、個々人が、家庭・地域・企業等において、自由に自分の子弟を教育できる「私教育」の部分を自らに担保する、という考え方に立つことが望ましいのです。こうすれば、宗教・政治・経済等との関係も、それぞれの人が私教育の中で積極的に結びつけて扱える、というものです。

この場合、「私教育」（主に人格形成）が全体で「公教育」（主に学力形成）は部分にすぎない、という見方が望ましい、ということです。「公教育」はあくまでも「私教育」によって用いられ、その成果を高めるための手段にすぎないと位置づけるべきで、進歩派あるいは一部保守派の政治家が考えるような、すべてを公教育に預ける方向での「公教育＝国民教育」絶対視は避けなければならないと考えます。この点は、無教会信仰者の創立した高校の場合なども、たとえ公教育を担っているとはいえ、そのような認識に立つ方が健全だと思います。このように考えると、何も内村の系譜に立つ者のためだけでなく、すべての人にとって、すべての子どもにとっても、このような公教育と私教育の区別が望ましい方向であり、とくに無教会のように特定の組織を持たず、家庭・地域の只中で私教育的な活動をする者には、このような私教育の場を確保して、これを守り抜くことがいかに大切かを強調したいと思います。

このように、戦後すぐの東大総長が二人、内村の流れを汲む無教会信仰者であったことは、日本の思想界・教育界をリードした自由主義・民主主義が、日本的なものと西欧的なものとをバランスよく結合させ、両者の総合・融合をめざすものであったことを意味します。南原は公教育に、矢内原は私教育に、それぞれ大きな影響を与えましたが、政治状況が変わり、日本の思想界・教育界は、昭和二六年の独立以後、外から大きく右傾化する方向に徐々に向けさせられたわけです。以後、その後の日本の教育界は、社会的な構造変容の影響も受け、私教育は衰退し、公教育は機能不全に陥ることになります。内村の継承者たちの役割はどうなるのでしょうか。

6　現代の日本社会と内村の系譜から見た日本の教育

一　独立以後、現在までの日本＝個人的回顧を含む

前章まででは、第二次世界大戦直後の日本が、アメリカによる占領支配によって軍国主義・超国家主義の天皇制家族主義国家体制の保持を許されず、象徴天皇制のもとに新たに自由民主主義国家体制を採る国として出発したにもかかわらず、一九五一（昭和二六）年の独立以後は、日本が民主国家・平和国家・文化国家として出発した戦争直後の方針を、共産主義・社会主義への道をやめ、自由主義陣営の一翼をになう国家として進む方向に変えて、明確に一歩を踏み出したと言ってよい、と述べました。それが、一部の国家主義的・民族主義的な人たちの言うように、外国によって強いられたものだとしてもすべてではなく、歴史的事実として、全体としては他国を侵略し、他国民の大部分を支配したことが実現している以上、部分的には良いことをしたとしても、この事実を感情的に否定しようとしても無意味であり、無視することはできません。その象徴的な出来事が、独立時に締結した日米安全保障条約の、一九六〇（昭和三五）年における改定で、いわゆる「六〇年安保」と呼ばれたものです。

筆者はこの当時、まだ高校から大学に移るときの学生で、まさに大学一年目から学生運動の只中にいたのですが、渦中にいたため、事態の政治的性格を正確に把握できていたとは言えません。左翼的な学生が中心となって、この「日米安保体制」は日本の軍備を増強し、戦前の日本を再来させるものとして、猛烈な反対運動が展開されていました。当時はまだ学生の間で共産主義や社会主義の政治思想に人気があり、右翼的な国家主義や民族主義はほとんど問題にはなりませんでした。学部学生時代は、これらの左翼的な学生と夜通し議論したことを思い出します。中でも、既成左翼の下部組織に入っていた学生とは親しくして、種々議論しましたが、ついに彼らと意見が一致することはありませんでした。当時の筆者は、関根正雄氏の聖書集会に通っていたためか、彼らの観念的で楽観的な人間観を、どうしても受け容れることができなかったのです。その後、振り返ってみたときに感じたことは、これらの左翼的な若い学生の多くは、地方から出てきた者である場合が多く、優秀だが純朴すぎて、中央政党の言うことを疑わず、それに依存して自分の頭で考えない点では権威主義で、人間の複雑で多面的な姿に疎い人ばかりだった、ということでした。

その後の日本はどうであったかといえば、池田勇人元首相の「所得倍増政策」によって、日本人は徐々に経済的に豊かになり、生活と国の財政が豊かであれば、誰も根本を問わないという状況でした。田中角栄元首相の一九七二年の「列島改造論」、竹下登元首相の一九八八年の「ふるさと創生論」などによって、日本の国家財政は極めて大きく潤い、竹下元首相は全都道府県に、何に使ってもよいと言って、一律一億円をばらまくという具合でした。この頃の自民党政府は、産業界の自由主義経済による輸出入中心の好景気を背景に、経済的な豊かさをもって国民の支持を集めていたと言ってよいでしょう。そのため、その後の一九九〇年代に入って、経済のグローバル化による不況の波を受けたとき、国家財政の危機的な状況とも相まって、一気に信用を失うことになりました。

この間、筆者は、ことあるごとに、「この豊かさは、世界的に見れば十分なレベルのものなので、実際、とくに今すぐ必要なものはないと言える社会になっているのだから、これ以上、あくせくと経済的利益や収入増を追求せず、心の貧しさに目を向ける必要がある」と述べてきました。しかし、多くの国民はこのような思いを持たず、経済的関心ばかりに心が傾いていて、不況の今では、アベノミクスによる一時的な改善はあるものの、「焦燥感」を不当に募らせているように思います。

他方、政治的には、「自由民主党」と「日本社会党」の対立を軸にして、ほとんどの分野で両勢力が正面からぶつかり、いわゆる「五十五年体制」と呼ばれる、一九五五年結党の自民党と、これに対決する社会党とがつくった政治的枠組みの中での、自民党の政権支配が続きました。ベトナム戦争後の一九七〇年代は、左翼的な動向が一時大きくなりましたが、一九七八年からの旧ソ連軍のアフガン侵攻や、一九八〇年代の、とくに一九八九年のベルリンの壁の崩壊以後は、急速に社会主義国家の勢いは衰え、左翼思想は大きく後退します。中でも一九九一年のイラクの湾岸戦争と旧ソ連の体制崩壊は、日本の政治思想を従来の左寄りから右寄りに変え、「五十五年体制」への信頼を崩壊させる上で、大きな役割を果したと言ってよいでしょう。

前に述べたように、湾岸戦争の際、世界各国から「日本は、金を出すだけで、血を流さないのはおかしい」と言って非難されたのです。世界が、日本に「軍事的支援」の必要性を訴えているのに、日本はそれに応えないのか、というわけです。これに対しては、日本国憲法による非武装平和主義を国是としてきた以上、金銭的支援しか行えないと歴代の政府は反論して、膨大な金額の金銭的支援をしたのですが、このような態度では世界に通用しないと見た保守派は、あらためてこのような世界の動きに呼応して、タカ派の政治家を中心に、自衛隊という軍事力を「軍隊」として公認する動きを内部からも強めたわけです。その流れの明確な形を取ったのが、小泉元首相の「自衛隊は軍隊だ！」という発言だったのです。これにはジャーナリズムも追随しましたから、このような右寄りの政治的態度が、現在の五〇歳代以下の日本人に急速に浸透したと言ってよいでしょう。現在の思想的潮流は、この意味で民族主義や国家主義と結びつく可能性が高く、自由主義や民主主義が危機にさらされているのですが、そのような認識のないのが今の日本のジャーナリズムなのです。

二　日本社会の「学校化」現象

では、この間の日本の「教育」の世界はどのように変化したのでしょうか。一言で言えば、それは日本だけではありませんが、とくに顕著にあらわれたのが「社会の学校化」現象だと言えると思います。（I・イリッチ、東　洋・小澤周三訳『脱学校の社会』東京創元社、一九七七年、原著は一九七一年）中でも、少し焦点を絞って、ここでは高校や大学への進学率の増加だけを見てみましょう。それだけでも、社会の学校化＝公教育依存の大きさがよく分かるからです。

まず、高校進学率について注目する必要があります。一九六五（昭和四〇）年に、高校進学率が七〇％を越えます。そして、一九七四年～七五年にはその率は九〇％に達します。このことは、数字の示す量的な事柄以上に「質」において重要な意味を持ちます。つまり、大雑把に言えば、進学率が七〇％を越えるということは、中学校の成績でオール3以下の子どもが高校へ入学してくるということであり、さらに九〇％になるということは、その成績でオール1の子どもでも何人かは高校に進学してくる、ということを事実上意味しています。ここで言いたいことは、成績下位の者が高校に進学してくるということではなく、「大部分の子ども」とその親や保護者が、高校進学を求める時代・社会になってきたということです。

筆者が高校に進学していた一九五〇年代後半は、高校進学率はまだ四〇％以下であったと思います。その頃は、中学校卒業でも一般社会からの求人は多く、優秀でも貧しくて働かなくてはならない子どもは、みな中学校卒業で就職していました。社会はまだ「高校」という学校にそれほど期待していなかったと言ってよいわけです。ところが、内村の生きた時代とは異なり、徐々に社会の学校教育への期待が高まり、子どもの学力よりも「高校卒」の肩書きを求める保護者や産業界の要請が強まりました。一九七七（昭和五二）年頃、当時、文部大臣だった森山真弓氏が名古屋に講演に来て、その終了後、意見を交換した折に、同氏が「これからは高校教育の質が問題になる」と言われました。それは、学力の低い子どもが高校に入学してくる時代になり、「高校教育の多様化」という形で、その質を多様に認める方向で施策を展開したい、という趣旨でした。その時、これは簡単なことではないと思いましたが、九七%に達している現在は、まさにその高校教育の「質」が問われています。

さて、その流れの延長上で、最近の「大学進学率」の非常な高さが注目されねばなりません。大学進学率は、筆者の進学した一九六〇年代前半はまだ二〇%以下であったと思います。当時は、それだけ大学へ進学することは珍しく、本当に優秀な人材だけが行ける、といった社会通念があったのか、有名大学に合格した高校生は、現在はプライバシーの保護の観点から禁止されていますが、その名前が新聞（地元の地方紙ないし全国紙の地方版）に掲載されていました。それが、今から二〇年ほど前の一九九三（平成五）年頃に四〇%を越え、二〇〇五（平成一七）年には五〇%前後に達したと言われます。ここ五年ほどは、国の大学の設置基準の大綱化で、全国的に私立大学の新設が容易になり、二〇〇九年ごろには、選り好みさえしなければ、数字上は、希望者全員がどこかの大学に入学できるほどになった、と言われた事情も背景にあります。

しかし、このような大学新設の社会的要請は、「大学卒」あるいは「〇〇大学卒」という高学歴を求める保護者や産業界の声を基礎にしたものと言えますが、まさに形式上「公教育」の評価が絶対視され、そこを通った者でなければ、社会人として一人前ではないかのような通念を浸透させています。しかも、産業界は一方で、ここ一〇年間ほどは、個性的で、実力優秀な、海外でも活躍できる、エリート的人材を求めてきており、平均的な質の人材を大量に求める時代ではないことを強調し、大学側にそのような教育を強く求めてきています。しかも、他方では、今や高校卒業者の就職は非常に難しく、多くの大企業が高卒以上の大学ないしそれに準じる教育機関の卒業生しか採用しないといった事態になっています。それだけ社会が高度化したとも言えるのですが、むしろ大きく見れば、産業界は「高校」よりも「大学」という、より高度の「学校」教育を受けた人材を強く求めているのであり、それだけ高いレベルの「公教育」に大きく依存しているということです。

以上のような流れを「学歴社会化」あるいは「社会の高学歴化」という人がいます。このことは、社会が学校教育に大きく依存して、それなしには機能しなくなったという意味で、イリッチの言う「社会の学校化」が進行していることを示しています。社会それ自体が保持していた、自前で人々を教育する私教育の体制が壊れ、人々は「学校」という公教育の場で、専門家を雇い、場合によっては多額の金銭を払ってでも、子どもをそこに通わせて教育することが、まさに普通の姿になったのです。

なぜ、そのようなことになったのか。これをもう少し考えてみましょう。すでに第一章で述べたことですが、日本は一八七二（明治五）年に初めて近代的な「公教育制度」をつくり、これを梃子にして西洋先進国に「追いつき、追い越せ」の追撃態勢に入りました。まさに国を近代化するための手段として、「公教育」を構築したわけです。その結果、第二次世界大戦終了時までの公教育が、社会教育の公教育化ともあいまって、学校も教師も地域も、ともに公権力によって支配されるものとなったことは、前章まで明らかにしてきたところです。

これに対して、第二次世界大戦終了後は、日本は「公教育」を「学校教育」にできるだけ限定して、社会教育については国民の自発的な自己教育活動によるべきことを奨励してきました。しかし、「学校」という「公教育機関」が国民の期待に応えようと躍起になった結果、親や保護者は、自分の子どもの教育をできるだけ学校にお願いし、自分はそのための経費などを得るためにバイトや派遣などで働く、という方向に進んできたのです。加えて、経済・社会構造の変化は社会教育を変貌・衰退させました。核家族化・少子化・過疎化・グローバル化の進行がこれを促したのです。「大学」への進学を第一と考えた親や保護者は、こうして「私教育」の場を軽視して、すべて「公教育」に預けたいという心性を強めてきたわけです。

これは戦前の流れと、実はほとんど同じです。家庭教育や企業内教育などの社会教育の重要な価値や意味を考えず、「高学歴」をつけさせたいとの主観的希望をもとに、「私教育」を犠牲にして「公教育」に委ねる点で、同質なのです。今はまだ公教育が、家庭や地域の社会教育などの「私教育」支配に乗り出していないだけで、気がつけば、「私教育」というと、予備校や学習塾などの「進学準備教育」をするという、「公教育を補完するだけのもの」になっており、かつての吉田松陰の「松下村塾」のように、時代を越える教育を行うものはほとんどない状態になりました。

今や不況のもとで、ますます社会の中に「私教育」を重視し、それを実行することの可能な場が少なくなりました。「公教育」にこんなに依存してしまって、果たしてこれでよいのでしょうか。

イリッチは、先に挙げた一九七一年の本で、このような「公権力に巧妙に支配され、利用される教育」の危うさを批判し、「社会の脱学校化」を唱えました。この種の問題提起は、「公教育制度」一般を批判する「脱学校論」の動きとして、一九七〇年代から現在に至るまで世界各国に定着していますが、フリースクールなどの「私教育」の場を拡張する方向で展開しています。

三　内村の後継者と現代日本の教育について

このような状況の中で、無教会の信仰に立ちつつ、南原繁や矢内原忠雄の二人のような影響力のある方は、残念ながらそれ以後出ているとは言えません。南原と矢内原は、激動の戦後日本の混乱の中で、東京大学総長として、その後の日本社会をリードする立場にあり、二人はその点で大きな役割を果たしました。けれども、その次の東大総長は工学部出身の茅誠司氏で、その種の役割よりも、社会の要請にいかに効果的に応えるかという技術家的役割を果たしたに過ぎません。時代と一般社会は、経済的に落ち着き、もはや理念・理想ではなく、方法・方策を求め始めたわけです。

しかし、そんな中でも、南原、矢内原の後を継いだ無教会信仰者が、その種の理念・思想について関わることになったのは、一九六八（昭和四三）年に始まる「東大闘争」を頂点とした、急進的な全共闘（「全学共闘会議」の略語＝急進的な大学改革を求めて、個々の大学で組織された全学的な学生の運動組織。既成左翼の政党に主導された全学連とは対立し、マルクス主義に依拠する思想グループを核にしつつも、その周辺に集まったノンポリ・ラディカルの学生により構成されていたもの）世代による、大学と社会への問いかけのときでした。すでに矢内原は「六〇年安保」闘争のとき、「日本の再軍備」の強化を懸念して、左翼的な思想家とともに日本のその後の将来を悲観する発言をして、一九六一（昭和三六）年にこの世を去っていましたので、東大闘争の頃の無教会は中心的なリーダーを失っていたと言えます。このとき、全共闘の学生の中には、第二次世界大戦時にナチス・ドイツのヒットラーに正面から抵抗した、プロテスタント神学者K・バルトの思想に親しむ者がいて、当時、著名な哲学者の滝沢克己氏のようなバルト研究者が、そのような学生を支持したときがあります。学生たちは、大学や大学教授に向かっては、その欺瞞と権威主義を告発し、日本社会に向かっては、一九六五年のアメリカの北爆を契機に戦闘が泥沼化して、一九七五年まで続いたベトナム戦争を背景に、当時の日本社会の安定と豊かさが生まれたことを指摘して、それらが日本の真の安全と平和に導くものなのかと問いかけました。

この闘争にどう関わるかについては、内村を継承する無教会の関係者も苦悩したわけです。多くの無教会信仰者は、全共闘の学生に心情的には近い思いを持っていても、その言動や闘い方については批判的であったと言えます。急進的・暴力的な左翼思想が中核にあり、力による革命・改革を志向していた点で、信仰的に同意できなかったと言ってよいでしょう。日本の大学は、この数年間に亘る全国的・世界的な大学闘争において、完全にエリート集団の特別な存在であったのが、その指導的権威を失墜し、雲の上から地上に引き下ろされたと言えます。無教会の指導者たちには大学人が多く、その中で天から地に降りた後、南原・矢内原のような指導性を発揮することは求められず、世俗の中での人格の形成、信仰者としてのあるべき生き方、生活を通して、日本社会と日本人に望ましい人間像を示すこと、そのためにまず日常の生活の中で、世俗と闘いながら、自らの信仰を固め、深め、強くすることに集中したと言ってよいと思います。

そのような動きは、教育の世界から見ると、大きく二つの流れをもっていたように思います。一つは、「公教育」の中に果敢に入って行き、その中で信仰的に有為な人材を育てるという方向です。その端緒が「東京独立学園」であり、その後の「愛農高校」や「愛真高校」の創設であると言えます。これは、「私立学校」としての独自性を出すことにより、「公教育」を乗り越える意義を見出し、信仰に疎遠な一般の人や子どもたちに、一人でも多く近づこうとした試みであるように考えられます。

もう一つは、従来以上に、信者各自が、どんなに小さくてもそれぞれの生活の場で、信仰的な集まりをもち、ともに学び合う場所とするという、世俗的にはまさに「私教育」の場をつくってきているということです。この意味で、全国各地に無教会の集会が広範囲に展開し、さらに十年ほど前から全国の集会を組織化して、その独立性を尊重しながら全国集会を開くなどの試みも行いつつ、それぞれの場所で、社会的には小さくとも力のこもった「自己教育」を行ってきたといえるのです。それは、明らかに一種の社会教育活動であり、「公教育を相対化」する「私教育」の活動であって、これを決して軽く小さなものと見るべきではありません。「市民の自己教育」の場として、第二次世界大戦の最中のように、公権力と対決してでもこれを守らねばならないときが来るかもしれないのです。

このように、内村の無教会信仰の系譜にある者たちを一事例として、現在とこれからの教育について考えてきましたが、より広く今後の日本の教育全体を考えると、一般市民の「教育」への向き合い方についても、公権力との関係で「公教育」と「私教育」の観点から、真剣に再検討する必要のあることが理解できると思います。

おわりに

最後に、内村鑑三の系譜を代表する南原 繁・矢内原忠雄をよく知る人は、とくにこの二人が、信仰的な基盤に立ちつつ、「真理」という言葉を強調したことを印象深く覚えておられるでしょう。しかし、現在の多くの人は「真理」という語をほとんど使うことが無く、筆者も滅多に使いません。それは、戦時中までの政治・経済・社会のあらゆる分野で、「公権力」を担う政治家、さらに学界までが、「虚偽」（嘘・いつわり）を通用させて「真理」を踏みにじっていたからですが、現代人はみな「真理」とは何かと疑問をもち、科学研究が進めば進むほど、それはいつまでも不明なままであることが常識となり、この語を使えなくなってきたからです。

しかし、現在の、とくに保守党やタカ派の政治家の考えや主張には正しいものもありますが、他方で一部の事実を過大に一般化したり、事柄の主と副とを入れ換えたり、部分を見るだけで全体を見なかったりするなど、種々の「虚偽」を多く隠しており、それでもその主張を押し通して教育基本法の改正を実現し、憲法をも改正しようとしています。現憲法が他国による押し付け憲法だから、自主憲法を作りたいのだと言うのですが、それは戦後すぐに日本人政治家がすでに行おうとしたことです。けれどもそれが現在の自由な日本をつくるような性格のものではなかったため、連合国側が認めなかったのです。そして現在の日本が自由主義だからこそ、そのような考えの政治家が再びそうしたいと主張することができるのです。

ところがこの種の人たちは、その恩恵を忘れて、これまで「真理」と言われてきたことが、実はかつての連合国による政略であって、ほとんどそれこそが「虚偽」だと反発しているのです。しかし再軍備でさえその種の政略が背後にあったのに、その一面的感情を基礎にして、自分の主張を通すためには、偏った考えでも権威を笠に着て、相手を黙らせようとする反知性主義的な政治手法を押し通してきています。憲法全体や第九条の成立事情、教育基本法の成立事情、戦後の政治状況など、みな自分の主張に都合の良い部分だけ切り取って絶対視し、これこそが「真理」で他のものは「虚偽」だと一方的に強弁して、批判する自由を威圧的に抑えようとしています。ジャーナリズムもそれを容認しているような状況が見えます。「嘘が通れば道理引っ込む」の事態が進行すれば、戦前の日本に逆戻りする危険が増すことでしょう。危ういことです。

そのような状況の中で、内村の系譜に立つ無教会信仰者は、他の心ある人々とともに、再び「真理」の名のもとに社会批判をしなければならないかもしれません。もちろん、内村も述べたように、社会批判は消極的な意味しかなく、積極的意味は必ずしももっていません。望ましい建設的な対案を示すことこそがより重要なのです。その際には、上述のように、種々の「私塾」「学習塾」や私的な「研究所」「研究会」などの集まりといった「私教育」の場が確保されることが必須なのです。なぜなら、そこでこそすべての国民が、個人としても自由に語れるからであり、「公教育」

の場では困難なことだからです。社会的には無視されるかもしれませんが、決して諦めることなく、そのような場の確保のために必死に闘わねばならないでしょう。

繰り返しますが、国家主義者は自由主義の中では自由に語れますが、自由主義者は国家主義の中では自由に語ることを許されません。このように、語るために戦う必要のないことを祈りつつ、読者の方々に感謝して筆をおきます。

あとがき

本書は、元来この二倍の分量で執筆されていたのであるが、その分量ではなかなか刊行の見通しが立たず、原稿は二年近く棚上げ状態であった。筆者が本書によって最終的に述べたかったことは、「教育」というものを、「公教育」を担う学校教育にしか見ない最近の風潮に疑問を持ち、むしろ「国民の自己教育」としての家庭教育や社会教育・生涯教育の中心を成す「私教育」の重要性に注目して、その健全な働きを可能にする社会にすべきではないか、ということである。それは、明治以来今日に至るまで、日本の「公教育」が、国民の「自立」をめざす「教育」ではなく、国民を政治経済的に「教化・訓練」して国家に依存させ、国家に都合のよい人材に育てた結果、「国民」が国家の主権者であることを見失わせて、不幸な戦争を引き起こした歴史があり、そのようなことを二度と起こさないようにすべきだと考えたからである。「公教育」のよい面ばかりでなく、悪くなる面もあることをはっきりさせ、その種の失敗を繰り返さないために、何が必要かを多くの人に考えて欲しかったのである。

そういう観点からすれば、本書に取り上げた内村鑑三のみでなく、歴史上、もっと多くの全国的な組織をもつ別の人物や団体の、社会教育的・生涯教育的な様々の取り組みがあり、それらが重要な役割を果たしてきたことを、筆者も知らないわけではない。しかし、筆者はたまたま自分史に関係して、その小さな例を内村の歩みに見て、ここに要約的に論じてみた。それは、「私教育」を「国民（市民）の自己教育」活動であると考えれば、それによって学歴社会化の進んだ「公教育」依存の状態にある日本社会を、「自立した国民」による社会に変えていくために最も参考になるのが、内村とその後継者たちではないかと考えたからである。

このような、内村鑑三を、より広い視点から日本教育史の中に位置づけてみた筆者の試みを、価値あることと認めて出版の機会を与えてくださり、図らずも本学ブックレットの一冊として本書を公けにすることができたのは、筆者が本学に勤務した二〇一二年以来親交を深めてきた、本学の前事務局長で現常務理事の、文芸評論家でもある小林孝吉氏のご推薦によるものである。筆者が本学に勤務した記念として、本書が神奈川大学の教職員や学生に広く読まれることを希望するとともに、筆者はこのことを特記して、神奈川大学と同氏のご厚意に心から感謝を申し上げる。

著者紹介

安彦忠彦（あびこ　ただひこ）

1942年　東京都生まれ。

1964年　東京大学教育学部卒業。

1968年　東京大学大学院教育学研究科博士課程一年中退。

同年、大阪大学文学部に奉職し、その後、愛知教育大学、名古屋大学教育学部、早稲田大学教育学部に勤務し、2012年　神奈川大学特別招聘教授、現在に至る。名古屋大学名誉教授、博士（教育学）。この間、日本カリキュラム学会代表理事、名古屋大学教育学部附属中学校・高等学校長、同教育学部長、中央教育審議会正委員（第３期から第６期まで）などを歴任。専門は、教育課程論（主に中等）・カリキュラム学を中心に、教育方法、教育評価。

主な著書に『学校の教育課程編成と評価』明治図書、『授業の個別指導入門』明治図書、『自己評価―「自己教育論」を超えて―』図書文化、『中学校カリキュラムの独自性と構成原理』明治図書、『よみがえるアメリカの中学校―日本の中学校改革への提言―』有斐閣、『改訂版 教育課程編成論―学校は何を学ぶところか―』放送大学教育振興会、『「教育」の常識・非常識―公教育と私教育をめぐって―』学文社、『「コンピテンシー・ベース」を超える授業づくり』図書文化など。

神奈川大学評論ブックレット　39

教育史《きょういくし》の中《なか》の内村鑑三《うちむらかんぞう》

2016年３月10日　第１版第１刷発行

編　者――神奈川大学評論編集専門委員会

著　者――安彦忠彦

発行者――橋本盛作

発行所――株式会社御茶の水書房
〒113-0033　東京都文京区本郷5-30-20
電話　03-5684-0751

印刷・製本――東港出版印刷株式会社

Printed in Japan
ISBN 978-4-275-02038-3　C1037

三浦永光著
現代に生きる内村鑑三
—人間と自然の適正な関係を求めて—
菊判／二九二頁／本体四四〇〇円

内村鑑三の生きた時代は明治維新から満洲事変の前年までの波乱に富んだ時代であった。二十一世紀初頭を生きる私達が内村の思想と行動から何を考えるか。

小林孝吉著
内村鑑三
—私は一基督者である
A５変型判／四〇四頁／本体四四〇〇円

一基督者・内村鑑三の生涯と再臨信仰に批評の光をあてる。後世への最大遺物、非戦論と無教会信仰の水脈。そこには困難に満ちた未来社会への永遠の希望が流れている。

小林孝吉著
埴谷雄高『死靈』論
—虹と夢
A５変型判／三〇〇頁／本体三二〇〇円

夢と虹を光源に、未完『死靈』全章を人類の希望の文学として読み解く。「三・一一以後、未来者にたくす精神のリレー。

小林孝吉著
記憶と文学
—「グラウンド・ゼロ」から未来へ—
A５変型判／二六〇頁／本体二五〇〇円

歴史に刻まれた「記憶」の層をめくりながら、「文学」とは何かを改めて問い直す文芸批評。〈記憶の未来化のために〉〈記憶と文学〉〈「九・一一」と文学〉〈文学の原風景〉の四章。

小林孝吉著
記憶と和解
—未来のために—
A５変型判／二八八頁／本体三〇〇〇円

記憶の舟は、ひとつひとつがいつか〈和解の海へ〉とたどりつく。刻々と変化する時代と社会に向き合いつつ書いた文芸批評。戦争の記憶を見つめ直す文芸評論集。

堅田　剛著
明治文化研究会と明治憲法
―宮武外骨・尾佐竹猛・吉野作造―
A5判／三三〇頁／本体四五〇〇円

明治憲法の真の起草者は誰だったのか。『西哲夢物語』事件と『大日本頓智研法』事件を手掛かりに憲法制定の裏面史を描く。

内田　弘著
三木　清
―個性者の構想力―
A5変型判／四〇〇頁／本体三二〇〇円

人間はそれぞれ「個性者」です。個性こそがこの世界を光あり多彩で豊かなものにする原理です。三木が提示した問題は日本一国を超えた普遍的な未決問題でいまなお解決を求められている。

米村健司著
丸山眞男と廣松渉
―思想史における「事的世界観」の展開―
菊判／八四〇頁／本体一四〇〇〇円

高度に洗練され抽象化され、容易に理解と解釈を拒んでいる丸山眞男の政治思想史と廣松渉の哲学、両者の思想史と哲学の探究は人間の歴史的現実に対する私たち自身の課題である。

米村健司著
田辺元と廣松渉
―混濁した視差と揮発する痛覚のなかで
菊判／六七四頁／本体一六〇〇〇円

田辺は自己の生を包摂する時代の趨勢と対峙し、廣松は「近代」の陥穽を注視し他者との協働を考察した。二人の哲学者の視座から「啓蒙の弁証法」の陥穽に落ちた日本社会と日本人の「生の姿」を考える。

米村健司著
アイヌ・言葉・生命
―西田幾多郎と廣松渉の地平から
菊判／一〇六四頁／本体一二〇〇〇円

西田と廣松の哲学を視座にアイヌ民族の記憶と歴史を考えていく。二人の哲学は、自然、生命、そして「近代」を根柢から捉える射程を有しているからである。

御茶の水書房
（価格は消費税抜き）